团队之光

如何打造你的隐形领导力

杨磊◎著

中国科学技术出版社
·北京·

图书在版编目（CIP）数据

团队之光：如何打造你的隐形领导力 / 杨磊著 .
北京 : 中国科学技术出版社 , 2025. 1. -- ISBN 978-7
-5236-1145-6

Ⅰ . C933

中国国家版本馆 CIP 数据核字第 2024TT1062 号

策划编辑	何英娇	执行策划	张 顿	
责任编辑	陈 思	封面设计	仙境设计	
版式设计	蚂蚁设计	责任校对	张晓莉	
责任印制	李晓霖			

出　　版	中国科学技术出版社
发　　行	中国科学技术出版社有限公司
地　　址	北京市海淀区中关村南大街 16 号
邮　　编	100081
发行电话	010-62173865
传　　真	010-62173081
网　　址	http://www.cspbooks.com.cn

开　　本	880mm×1230mm　1/32
字　　数	196 千字
印　　张	9.5
版　　次	2025 年 1 月第 1 版
印　　次	2025 年 1 月第 1 次印刷
印　　刷	北京盛通印刷股份有限公司
书　　号	ISBN 978-7-5236-1145-6/C·272
定　　价	69.00 元

序 言

揭开隐形领导力的神秘面纱

在揭开隐形领导力的神秘面纱之前，我们先了解一下传统权威和权力手段的局限性。传统权威和权力手段往往依赖明确的职位权力和命令控制来实现领导目标，但在某些情况下这种方式无法适应多样化的组织和团队成员的需求。相比之下，隐形领导力更加灵活，适应能力更强，能够更好地应对复杂的工作环境和人际关系。因此，越来越多的组织和企业开始重视这种能够在日常工作环境中影响和引导组织成员实现预定目标的能力——隐形领导力。

隐形领导力是指在日常工作环境中，领导者通过非传统的权威和权力手段，影响并引导组织成员实现预定目标的能力。隐形领导力并不依赖明确的职位权力，而是通过个人的影响力、人格魅力和沟通技巧等软性因素来影响他人。这些因素使领导者能够在组织成员心中树立积极的形象，获得更高的信任和尊重，使组织成员对领导者产生认同感和敬仰之情。在此基础上，领导者可以与员工建立良好的关系、传达自己的想法和目标以及倾听员工的意见和建议，从而有效地影响他人并实现组织目标。

下面让我们通过一个实际案例理解隐形领导力在组织管理行为中的应用。

某初创公司的创始人发现团队协作效率不高，但是他并没有直接采取权力手段来改变这种情况，而是用隐形领导力影响员工，提高协作效率。公司创始人从自身做起，通过提高自身的沟通技巧和团队组织能力，积极与员工进行互动和交流，建立互信和尊重的关系。同时，他以身作则，展示出高尚的品格和专业的业务能力，赢得了员工的敬仰和信任。由于他的个人魅力和专业能力突出，员工们开始主动向他寻求帮助，并乐于接受他的指导，团队协作越来越高效。

通过上述案例，我们可以看到隐形领导力的重要作用。领导者通过自身的行为和表现，树立了积极的榜样，激发了员工的积极性和创造力，解决了团队存在的问题。

然而，理解和运用隐形领导力并不是一件容易的事情，它需要领导者不断学习并提升自身的非权力影响力，包括培养个人魅力、提高沟通能力、加强团队组织能力等。领导者只有通过持续的努力和实践，才能真正掌握隐形领导力的艺术，并将其应用于实际工作中。

本书分为7章，系统、深入地探讨了如何从升级认识、完善认知、改善作风、修炼口才、创造绩效、构建生态和有效激励等不同维度提升隐形领导力。虽然每个人对隐形领导力的概念有不同的理解，但是本书还是努力为读者们提供一些具体的理论框架和实践建议，旨在帮助组织的领导者在工作环境中更好地影响和引导组织成员。

升级认识部分重点讨论了领导力的概念，以及从普通管理者到卓越领导者的蜕变过程。这部分内容强调了从显性领导到隐形领导的转变，以及从权力影响力到非权力影响力的过渡。

完善认知部分重点探讨如何创建全新的领导文化魅力，强调文化魅力和领导能力是硬币的两面，二者密不可分。此外，这部分还讨论了如何为团队树立愿景，帮助团队塑造榜样，带领团队冲锋陷阵，以及激发团队状态，并通过这些手段营造积极的工作氛围等。

改善作风部分主要关注领导者如何通过塑造可视的领导魅力影响员工，强调领导者需要强化个人能力和组织价值，并与基层组织紧密联系。领导者需要率先垂范并保持与集体分享的习惯，同时坚守原则底线并重视仪表仪态。

修炼口才部分探讨如何通过讲故事影响员工，强调讲故事的重要性，以及如何通过个人故事、团队故事、愿景故事等传递信息和价值观。此外，这部分还详细介绍了如何精炼素材并掌握好故事的三个维度。

创造绩效部分重点探讨如何引领高绩效的领导动作，强调领导者需要启动高绩效的动力之源，并遵循系统解决问题的流程。此外，领导者需要锻造"人财"并提供指导，同时通过赋能、授权抓住关键时刻和关键行为。

构建生态部分重点探讨整合多维度的领导资源，强调领导者需要理解人与人之间的联结，并遵循底层原则。此外，领导者还需要处理好自我关系、向下关系、向上关系和横向关系，并重视客户关系。

有效激励部分探讨领导者如何唤醒员工潜力，强调领导者需要掌握有效激励的逻辑与技巧，并在激励过程中平衡虚和实、正和负、重点和一般的关系。此外，领导者还需要了解激发员工潜能的四组边际情景，认可员工的贡献并给予真诚的欣赏和赞美。

在管理实践中，组织的领导者需要结合实际的管理场景，将本书所讨论的概念和技巧应用于日常工作中。只有不断地学习和实践，领导者才能真正掌握隐形领导力的精髓。同时，领导者需要保持开放的心态，不断适应变化的环境和挑战，持续提升自己的隐形领导力水平。

在揭开隐形领导力的神秘面纱的同时，我们也将认识到隐形领导力对个人成长和企业成功的重要性。无论是领导者还是团队成员，每个人都有机会发展和运用隐形领导力，成为影响力的引领者。

本书总结了作者几十年的管理实践经验以及对不断完善的相关理论的研究，旨在探讨隐形领导力的内涵和应用方法。本书深入剖析了非权力影响力在隐形领导力中的关键作用，并通过实例分析来展示如何有效运用隐形领导力实现组织的长久发展。愿本书能够为读者提供有益的指导和启发，帮助大家理解并掌握隐形领导力的精髓，从而在工作和生活中取得更多的成功和满足感。

让我们一同踏上这段揭开隐形领导力奥秘的旅程吧！

前　言

作为团队领导者，在管理工作中你是否经常遇到以下问题：

员工不把你说的话当回事。

没有员工愿意主动跟随，积极付出。

默默为团队和员工付出，但员工并不认可你。

……

导致以上这些问题的关键原因是领导者不具备领导力。对此，一些领导者可能会提出这样的疑问："我明明有权有势，怎么会不具备领导力呢？""有权有势就等于有领导力"是一些领导者对领导力的认识误区之一。领导者职位、身份、地位带来的权力能够加持领导力，但真正能够对员工产生影响，能够让员工主动跟随并积极工作的领导力并不来源于此，而来源于领导者日常的管理行为和自身魅力，我们称为"隐形领导力"。

隐形领导力跟领导者角色和权力并没有太大关系，其本质是领导者身上潜在的影响力，这种影响力人人都有，而且这种影响力的作用比权力带来的影响力更强大。所以，对于领导者而言，我们在管理工作中遇到的问题或许并不是因为我们缺乏权力带来的影响力，而是缺乏非权力带来的隐形领导力。

所以，领导者要想解决管理工作中的一些问题，要想激发员工的积极性，调动团队的资源为团队创造价值，就必须提升自己对领导力的认识并掌握提升隐形领导力的方法，从而扩大自己的影响力范围，增强影响力的强度。

本书分为 7 章，从提升对领导力的认识出发，全面、系统地介绍了提升隐形领导力的方法，旨在帮助领导者全面提升自己，打造卓越的隐形领导力。

第 1 章从认识层面介绍了领导力的概念、行为驱动的底层逻辑、领导力的本质表现以及从权力影响力到非权力影响力、从显性领导到隐形领导的方法，旨在帮助读者提升对领导力的认知，为打造卓越领导力奠定基础。

第 2 章从认知层面出发，进一步完善读者对隐形领导力的认识，并在此基础上介绍了具体的策略和技巧，例如，和谐统一、文化魅力表现、为团队树立愿景等，旨在帮助领导者创建全新的领导文化魅力。

第 3 章详细阐述了如何改善领导作风，帮助领导者塑造可视领导力的具体方法、策略，主要内容包括强化个人能力、强化组织价值、强联基层组织、保持率先垂范、保持集体分享、坚守底线原则等内容。

第 4 章系统地介绍了领导者修炼口才，提升故事力的技巧和方法，主要内容包括创建链接、输入指令、精练素材以及有关个人故事、团队故事、愿景故事、变革故事、决策故事等内容。

第 5 章详细阐述了领导者如何引领高绩效的领导行为，为团队创造绩效，主要内容包括认知驱动、系统解决、锻造

"人财"、提供指导、赋能授权、抓住关键、兑现承诺等。

第 6 章系统、全面地详细介绍了领导者如何整合多维度的领导资源，构建良好组织生态，主要内容包括关系理解、底层原则、自我关系、向下关系、向上关系、横向关系等。

第 7 章详细地介绍了如何激励员工，唤醒潜在的领导能量，主要内容包括激励的逻辑顺序、平衡激励、情景激励、情感激励、成就激励和荣誉激励等。

本书旨在帮助团队领导者或者即将成为团队领导者的读者构建对领导力的全新认知，掌握打造隐形领导力的技巧和策略，助力自己成为卓越的领导者。所以，如果你是团队领导者，还在为无法影响员工的行为、不能顺利地推进管理工作而苦恼，或者你即将成为团队领导者，希望自己能成为卓越领导者，那么请打开本书，寻找能帮助你解决实际问题、实现自我价值的答案。

目 录

第
5
章
创造绩效：
引领高绩效的领导行为

第
6
章
构建生态：
整合多维度的领导资源

第
7　　**有效激励：**
章　　**唤醒潜力的领导能量**　　　　　__ 241

结　语　275

第 **1** 章

升级认识：卓越领导力的灵魂

拥有卓越领导力的领导者能够正确地认识领导力的
本质、作用，然后在此基础上积极地探索如何修炼
领导力，发挥领导力的作用和价值。所以，领导力
的修炼是从领导者的认识升级开始的。

第一节

领导力是什么

❋

新时代，领导力已经成为管理界的热门词语，人人都在谈论领导力，都想练就卓越的领导力。那么领导力究竟是什么呢？搞清楚领导力的本质是修炼卓越领导力的前提。

实际上，领导力是一个外来词，是 20 世纪管理学和组织行为学研究的主要内容之一。随着社会的发展和信息的广泛传播，领导力一词慢慢传遍世界。国内外关于研究领导力的文献、资料有很多，但是学术界对领导力并没有形成权威、统一的定义。

"MBA 智库·百科"关于领导力的定义是："领导力可以被形容为一系列行为的组合，而这些行为将会激励人们跟随领导去要去的地方，不是简单的服从。"

知名管理学家哈罗德·孔茨（Harold Koontz）[①] 对领导力这样描述："领导力是一种影响力，领导是一种影响过程，是影响人们心甘情愿和满怀热情为实现组织目标而努力的艺术或过程。"

组织理论、领导理论大师沃伦·本尼斯（Warren

---

① 美国管理学家，管理过程学派的主要代表人物之一。

Bennis）[①] 对领导力这样描述："领导力就像美，它难以定义，但当你看到时，你就知道了。"

虽然领导力的定义、描述不同，但是我们从领导力的相关资料、学者和业界人士对领导力的描述以及工作实践结果中可以找出领导力的共性，发现领导力的特质。概括来说，领导力是领导者指导组织构建基于场景的解决问题的能力，表现形式为对人和事物的控制。

不同时代对领导力的要求不同，也就是说，领导者要具备指导组织构建基于新时代场景的解决问题的能力。数字化时代，传统企业开始走上变革、转型、升级之路，同时也对领导者的领导力提出了新的要求，如图 1-1 所示。

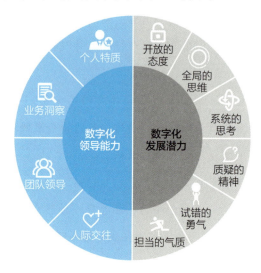

图 1-1　数字化时代的领导力模型

① 美国现代杰出的组织理论、领导理论大师。

一、数字化领导能力

数字化领导能力主要包括个人特质、业务洞察、团队领导和人际交往四大类，如图 1-2 所示。

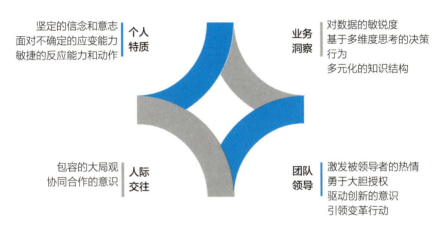

图 1-2　数字化领导能力

1. 个人特质

领导者应当具备的个人特质主要包括坚定的信念和意志、面对不确定的应变能力、敏捷的反应能力和动作。

知名企业家稻盛和夫在其作品《经营十二条》中指出，领导者坚定的信念是达成目标的关键。在带领组织实现目标的过程中，尤其是当组织处于迷茫或不确定的状态时，卓越的领导者一定会将坚定的信念和意识传递给每一位被领导者，重燃大家热情的斗志。同时，领导者会敏锐地觉察到问题，并会积极采取相应的行动解决问题，带领组织走出

困境。

2. 业务洞察

领导者应当具备的业务洞察能力主要包括对数据的敏锐度、基于多维度思考的决策行为和多元化的知识结构。

数字化时代，领导者对数据的敏锐度在一定程度上决定了组织能否规避风险，能否抓住更多机遇。因此，数字化时代要求领导者了解并掌握数字技术，能够对数据保持一定的敏锐度。领导者要想提升对数据的敏锐度，对数字技术的学习不能仅停留在表面，而应当深入了解和掌握如何用数据呈现事物的本质，以及业务过程数据化对整个经营管理和整个组织的发展带来的影响。同时，为了应对数字化时代的瞬息万变，领导者还应具备多维度的思考能力和多元化的知识结构，能够对信息进行筛选、判断，从而做出正确的决策。

3. 团队领导

领导者的团队领导能力主要包括激发被领导者的热情、勇于大胆授权、驱动创新的意识和引领变革行动。

团队领导能力是领导者所应具备的能力的一个重要维度，因为领导者的主要职责是引领和指挥团队行动，带领团队实现目标，创造高绩效。而要让团队成员行动起来，领导者自己首先就要行动起来，参与到整个行动中，同时还要对整个团队行为进行分配、指挥。在对团队行为进行分配和指挥的过程中，领导者应当懂得采取相应的措施激发被领导者的热情，带领被领导者积极为组织贡献价值。同时，领导者还应大胆授权，敢于创新、变革，从而不断提升被领导者的工作能力，提升组织的应变能力。这样才能最大程度上激发团队的潜力，促进组织实现目标。

4. 人际交往

领导者应具备的人际交往能力主要包括包容的大局观和协同合作的意识。

因员工的成长环境、受教育程度、家庭环境等不同，其性格特点、做事方式也存在很大的差异，这就容易导致团队成员在工作的过程中产生矛盾和冲突。这个时候，作为团队的领导者就需要具备协调不同意见、处理团队内部矛盾和冲突的人际交往能力。实现这一点要求领导者有包容的大局观和协同合作的意识，并能够把这些深刻认知传递给每一个团队成员。这样才能营造融洽的团队氛围，促进团队行为协调一致。

二、数字化发展潜力

领导者的数字化发展潜力主要包括开放的态度、全局的思维、系统的思考、质疑的精神、试错的勇气和担当的气质，如图 1-3 所示。

担当的气质

试错的勇气

质疑的精神

开放的态度

全局的思维

系统的思考

性格
潜质

图 1-3　数字化发展潜力

1. 开放的态度

卓越的领导者都具备一定的创造力，拥有创造力的前提是有一个开放的态度。拥有开放的态度的领导者会积极为组织营造和谐、融洽的沟通氛围。在工作中，领导者会鼓励被领导者积极地表达想法和建议，并且十分重视这些想法和建议。同时，领导者还会积极地帮助被领导者获得成就，让被领导者的能力能够得到充分发挥。基于这些特点，拥有开放的心态的领导者更容易获得下属的追随。

2. 全局的思维

全局的思维是一种从 360 度看问题的立体思维方式，是一种战略思维。领导者的全局思维是指领导者能够站在高于被领导者角度，由点及线、由线及面地放大格局来思考问题，解决问题，统筹组织的工作。

3. 系统的思考

只有掌握了系统的思考能力，领导者才能更全面地、深入地解决问题，提升决策质量，从而高效地完成工作任务。系统的思考的核心要点是"整体大于部分"，基于此，领导者还需要具备的能力是"要在整体中理解部分"。

企业是一个系统，员工是这个系统的一部分。如果某位员工的工作存在问题，领导者不能只从员工个人层面分析问题，而应系统地思考，要在整体中理解部分。也就是说，领导者要将员工个人的问题放到企业的整个管理体系中看待、分析。领导者要思考，是工作流程的问题，还是工作制度的问题？或者是更大范围的因素导致的问题，如企业战略引发的问题？

团队管理中的其他问题同样可以用系统的思考方式思考，这种思考方式能够帮助领导者更全面地看待问题，深入挖掘问题的本质，从而找出高效的解决方案。

4. 质疑的精神

质疑精神是领导者对现存事物进行合理的发问，是领导者主观意识的自我超越。无数的实践表明，事物都是在不断的质疑中完善的，因此领导者应对一切未知的事物抱有质疑的态度。在日常工作中，领导者要善于思考，敢于对组织管理的各项事务提出质疑。

当团队绩效难以提升时，就应对企业的标准工作流程提出疑问，"为什么一定要这样做""工作流程是否可以优化""是不是还有更好的方法""我们为什么不改变""我们应当如何改变"等。

毫无疑问，领导者的质疑精神是企业的宝贵财富。一个懂得质疑的领导者，将带领组织不断创新、发展。但要注意的是，质疑应始终遵循的原则是"质疑一切，但不能质疑所有人"，也就是我们常说的"对事不对人"。

5. 试错的勇气

卓越的领导者应当具备试错的勇气，敢于尝试，敢为人先，这才是对工作负责的表现。这里试错是指正确的试错，而不是闭眼冒进。阿里巴巴参谋长、合伙人曾明曾说："试错可以，但是背后要有非常清晰的愿景"。也就是说，领导者在试错前，要明确企业发展的愿景，并以此为前提进行试错。

6. 担当的气质

知名管理顾问史蒂文·布朗（Steven Brown）[1]曾说："管理者如果想要发挥管理效能，就必须得勇于承担责任。"领导者作为团队的领头羊也是如此，要有勇于担当的气质，尤其在关键时刻一定要勇于站出来承担责任。

———————

[1]　美国职业培训专家。

从数字化领导力模型可以看出，领导力不是某种单一的能力，而是卓越领导者综合素质和能力的体现。而且仔细研究这个能力模型我们不难发现，能力模型要求的能力有一部分是我们能看到的领导者职位、资历、地位带来的能力，例如，大胆授权、引导变革行动等；另外很大一部分是我们看不到的能力，隐藏在领导者体内的，能够对被领导者产生巨大的影响力，我们称之为隐形领导力。

对于领导者而言，职位、资历、地位等赋予的能力几乎是既定的。假设我是团队的管理者，我就有权力指挥员工按照我的指令完成工作任务。但是另外的大部分能力，如态度、格局、思维等并非既定的，大多数人需要通过后天的提升、修炼才能具备。所以，我们谈论领导力，讨论如何修炼领导力时，更多的是在谈论隐形领导力，谈论如何提升隐形领导力。

所以，作为数字化时代的领导者，我们不仅要认识到领导力的重要性，更要提升对隐形领导力的认识，并积极修炼隐形领导力。这样才能成为卓越的领导者，实现影响力翻番，工作成就翻番。

第二节

行为驱动的底层逻辑

✵

领导力的关键要素是适合的行为管理。如果领导者能够真正了解行为的本质，能够基于管理行为上的表象去发现事物的内涵，那么就能提出有针对性地应对各种管理现状的具体措施。

领导者做好行为管理的前提是三层大脑驱动理论，如图 1-4 所示。

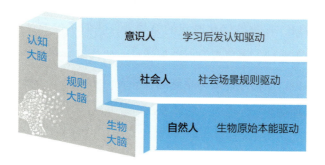

图 1-4　三层大脑驱动理论

我们首先了解三层大脑驱动理论的基本概念。

第一层：生物大脑——自然人，生物原始本能驱动

每个人刚来到这个世界做的第一件事情都是哭，如果婴

儿出生的时候没有啼哭，那么就会被护士和医生重点关注，为什么呢？因为从新生儿的生物能力视角看，啼哭是新生儿应当展现的基本行为能力。这种行为能力是基于新生儿的生物大脑和神经对新环境所产生自然的、源自生物本能的一个行为反应。这个行为反应的实质是由生物的原始本能所驱动的，也就是我们说的第一层大脑——生物大脑。

第二层：规则大脑——社会人，社会场景规则驱动

随着年龄的增长，我们开始接触社会，在社会环境中有很多人，例如，我们的家长、老师以及身边的人会为我们设立一些行为规则。这些行为规则限定我们哪些事情可以做，哪些事情不能做。例如，家长和老师告诉我们不能撒谎，我们就不能做出撒谎的行为。在这个过程中，我们会发现大脑对行为的理解源于外界的行为规则，慢慢形成了我们的日常工作行为规范和标准。这就是我们所说的第二层大脑——规则大脑。

第三层：认知大脑——意识人，学习后发认知驱动

随着年龄的不断增长和社会行为的累积，我们对很多事物都产生了深刻认知。这些认知会去支配我们的行为，我们还能基于认知判断某些行为是否违反社会规则，是否能做出这样的行为。例如闯红灯，当我们的认知到了一定程度时，我们就能够清晰地认知法律禁止闯红灯行为的本质是防止行人与机动车相撞，是为了保障人们的生命安全。这个时候大脑就会禁止我们做出闯红灯的行为。这个时候驱动我们行为的就是我们的认知和意识，也就是我们所说的第三层大脑——认知大脑。

其实每个人的大脑里面都有三层大脑，每个人的行为也都是由三层大脑驱动的，不同的行为受不同大脑驱动，而且每个人行为模式的最高层一定取决于他对这个事物的认知。我们的认知境界越高，对事物的认知越清晰，越能驱动自己做出正确的行为。同样的道理，团队成员也是如此。领导者要善于观察员工的行为，并不断帮助员工提升认知和意识，促进员工用第三层大脑驱动行为，做出正确选择，高效地完成工作任务。

所以，行为管理的本质不在于管理行为，而在于洞察员工行为背后的动机，清楚哪一层大脑驱动员工行为，并善于提升员工认知和意识，加强员工的第三层大脑驱动。

第三节

人人都有隐形领导力

✸

关于"领导力"，你是否经常听到以下言论。

有头衔、职位的人才能称为领导，他们身上具备的能力才能称之为领导力。

普通职员没有调遣员工的权力，因此不可能有领导力。

只有领导者才具备领导力是对领导力最大的误解。实际上，人人都有隐形领导力。

隐形领导力跟角色和权力并没有太大关系，其本质是一种潜在的影响力。这种潜在的影响力人人都有。

销售员张军的领导要出差一周，出差之前交代了一些事情，并告知团队成员如果有需要他帮忙但不是非常紧要的事情就留到他出差回来后再处理。不巧的是，领导刚走，团队就遇到一件棘手的事情。他们发往客户的货品中有不少残次品，客户雷霆大怒，并在网络上发布了讨伐品牌的视频。张军知道这件事会对公司造成恶劣影响，于是立即向正在出差的领导打了电话，向领导请示。在领导的指示下，张军和团队成员一起讨论、分工、协作，一部分人积极配合相关部门处理客户投诉问题，一部分人排查剩下的货品是否存在问题，另一部分人……

虽然这件事情最终还是对公司品牌造成了一定的影响，但在张军的组织领导下，已经尽可能挽回了一些损失。对此，主管以及上级的领导对张军的做法给予了表扬和嘉奖。

管理学大师彼得·德鲁克（Peter Drucker）在《卓有成效的管理者》一书中强调：我们不能通过看一个人有没有下属来判断对方是不是管理者。那些能够对身边同事的工作方向、工作内容、工作质量及工作方法等施加积极影响的人，哪怕是基层员工，也是管理者。这段话在张军身上刚好可以得到印证。张军是一名普通销售员，但他在遇到问题时从容不迫，主动、积极调动团队力量处理问题，他所展现出的影响力就是我们所说的领导力。此刻的张军就是团队的领导者。所以生活中人们认为的"我必须是领导者才有领导力，才能调动其他人"的逻辑是不对的。换而言之，能够影响他人、领导他人的人都具备隐形领导力。

所以对于团队领导者而言，我们首先应当跳出思维误区，知道自己身上也具备隐形领导力。但同时领导者更要清楚，人人都有隐形领导力并不等于人人都能成为卓越的领导者。领导者还要善于发现、挖掘自己的隐形领导力，并将这些领导力运用到实际的管理工作中，让隐形的领导力成为员工能看见、能感知的显性领导力。这样才能不断强化自己的领导力，将自己修炼成卓越的领导者。

第四节

领导力的本质表现

✵

管理学大师彼得·德鲁克曾指出，领导者的唯一定义就是有追随者的人。管理理论之母玛丽·帕克·芙丽特（Mary Parker Follett）说："没有追随者，就没有领导力。领导者和被领导者之间的互动在形成领导力方面起着重要的作用，不管这作用是好是坏。"在我的职业生涯中，我经常会被我的员工感动，尤其是当我想做一件事情他们无条件跟随和支持我的时候。这种双向的认同感，驱动我更努力地做好管理工作。正因如此，我经常会说："判断一个领导者优秀与否关键要看你有没有追随者，有追随者的领导者才能成为卓越的领导者。"从业界学者的理论和工作实践中，我们不难洞察到，领导力的本质表现是获得追随者的能力，包括追随者的数量和追随者能力的大小。

实际上，领导力是一种合力，是领导者与追随者相互作用而迸发出的一种思想和行为能力。用公式表达是这样的：

领导力 = 领导者的能力 + 追随者的能力 − 阻力

在上述公式中，领导者的个人能力所占的比例越小，整个团队越容易获得成功；领导者的个人能力所占的比例越大，团队整体效益越差。概括来说，领导力很大程度上取决于追随

者的能力。那么，领导者如何才能获得被领导者的追随呢？

一、令人信服的远见卓识

领导者要想获得被领导者的追随，首先必须有令人信服的远见卓识，让被领导者能够自发地跟随其脚步。

远见卓识，通俗地说，就是发展性眼光、商业性眼光和预见性眼光。具备这种能力的领导者，能够为团队创造共同愿景，激发被领导者的内在驱动力，带领团队实现目标。可以说，领导者的远见卓识决定了团队的方向和前途。

二、令人信服的表率作用

表率作用是指领导者以身作则，为下属树立榜样。这样的领导者会令下属自觉追随。

某快递公司有一名叫李伟的管理者，在一次工作中，李伟因为听信了员工赵亮的一面之词，导致优秀员工张成被辞退。真相大白后，李伟准备主动请辞，以此表达自己的歉意。同事开导李伟说："这个事情的主要问题也不在你，要怪就怪赵亮多嘴，你把赵亮开了就行。"李伟说："赵亮有赵亮的错误需要承担，这是上级领导的事情。我现在要承担的是自己的责任，我不能将全部的责任全部推给我的员工。"说完之后，李伟就将检讨书和辞职信递给了上级领导。

从李伟的故事中，我们明白的道理是正人先正己，做事先做人。领导者要想获得被领导者的追随，就要做到以身作则，起到表率作用。

在实际的管理工作中，领导者的表率作用主要体现为能够在关键时刻、生死攸关的时候站起来，承担责任，做出行动。带团队就是带人心，得人心者得天下。

三、令人信服的精神力量

领导者应当具备令人信服的精神力量，让被领导者积极追随，主动撸起袖子一起干。

华为公司创始人任正非不仅是一位伟大的企业家、商业思想家，还是企业的精神领袖，是员工努力奋斗的精神力量。任正非是一个非常有使命感的人，公司创立之初，任正非表示华为价值体系的理想是为人类服务，而不是为金钱服务。

在实际的管理工作中，任正非始终、反复强调华为的价值体系，强调员工要努力为世界、为人类做贡献的思想认识。正是基于这种使命，在华为创业初期，任正非并没有满足于做代理商赚来的利润，始终致力民族通信产业的进步。

任正非这种积极进取的品质，对华为员工来说无疑是一种榜样，也是一种精神力量。这种力量能够主动驱使员工追随任正非，驱动员工主动为华为贡献自己的价值。所以，卓越的领导者一定具备精神力量，能够从精神层面领导被领导者。

四、令人信服的工作成果

成果为王，领导者要有功绩，做事要有成果，这是能否获得追随者的关键因素。领导者应当充分发挥自己的能力，不断创造业绩。这就需要领导者将"成果为王"理念贯穿到日常工作中。同时，领导者要带领被领导者做正确的事，帮助员工获得期望的结果。

当被领导者看到领导者的成果，看到自己的成果，被领导者就会更加信服领导者的能力，追随领导者的意愿就会更加强烈。

五、令人信服的责任心

领导力并不意味着头衔、特权、级别或金钱，更多的是责任，包括勇气、担当、不推卸责任，在工作中秉持客户利益导向、员工利益导向、组织利益导向和国家利益导向。这样的领导者本身就散发着光芒，能够获得被领导者的追随。

领导者与追随者之间是相互成就的关系，领导者的领导力越强，越能吸引追随者；追随者的能力越强，越能成就卓越领导者。所以，领导者不是只将被领导者视为"跟风者"，而应当将被领导者视为工作伙伴，帮助被领导者一起成长，实现领导者与被领导者的共赢。

第五节

从普通管理者到领导者的蜕变

✵

完成从普通管理者到领导者蜕变的关键在于清楚地认识两个角色的不同。领导者总能采取一些措施激发被领导者的潜能，让被领导者可以更高效地完成工作任务。换个角度说，领导者就是那些可以清楚地告诉被领导者如何做得更好，并且能够描绘出愿景构想来激发被领导者努力的人。然而普通管理者总是会困于复杂的细节中，看上去他们像是在管理事物，但实际上他们只会将事情弄得更复杂。

从职业角色演变的维度看，每一个人的具体角色发生变化时（岗位异动、职务升迁等），他们的职业形态也会发生变化，其行为的表现形式同样会发生变化。如图 1-5 所示。

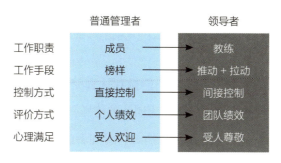

图 1-5　普通管理者与领导者行为模式的变化

从图 1-5 我们以看出，当一个人的角色发生变化时，他的工作职责、工作手段、控制方式以及对工作结果的评价方式，甚至心理满足条件都会发生巨大的变化。

一、工作职责上的变化：由"成员"到"教练"

当我们从普通管理者的角色转变为领导者时，我们的工作职责就从团队里的一位成员变为组织的教练。在组织中，教练的职责是根据不同场景的要求布置、安排各种任务并在团队中设定相应的行为标准和条件；成员只需要按照教练的指挥和安排执行工作任务即可。从工作职责的角度看，我们会发现领导者的工作职责不只是简单的执行过程，更多的是要去指导、安排、帮助团队其他成员完成工作任务。所以，在从普通管理者到领导者的角色转移过程中，我们应当明确自己不再仅是组织的成员，而是团队的教练，应当从教练的角度思考如何管理好团队，提升组织效益。

二、工作手段的变化：由"榜样"到"推动＋拉动"

普通的管理者在团队中能做到认真完成自己的工作，规范自己的行为，将自己树立为团队的榜样，起到示范作用。在这种情况下，员工有很大可能效仿管理者的正确行为。所以，领导者不仅是团队的榜样，还会推动、拉动员工，进一步确保员工做出正确、积极的行为，提高员工的工作效率。

三、控制方式的变化：由"直接控制"到"间接控制"

这里的控制方式是指对事务的控制。通常，普通管理者对工作的事务采取的控制方式是直接控制，通俗来说，他们会直接参与到团队的各种工作任务中，会对这些事务产生直接影响。但领导者的控制方式不同，领导者的控制方式是间接控制。领导者不会亲自面对工作中的场景，他们会将团队成员安排在合适的位置并分配合适的工作任务，通过控制他们的行为去管理团队中各种场景的事务，提高管理效率。

四、评价方式的变化：由"个人绩效"到"团队绩效"

普通管理者对于自身工作结果的评价方式是个人业绩，即基于他本人的表现所创造的业绩。然而领导者不只关心自己的工作能力、表现和绩效，他们更侧重团队整体绩效，更关注他所带领的团队的整体表现。

五、心理满足的变化：由"受人欢迎"到"受人尊敬"

角色发生转变后，人的心理满足条件也会随之发生变化。普通管理者对团队成员与自己的人际关系上的要求通常停留在"欢迎""平和"的态度上，认为只要表面上关系过得去就行。但领导者对组织成员与自己的人际关系的心理需求层次更高，不仅希望员工喜欢自己，更希望获得员工的尊敬，因为尊敬意味着对领导者各方面的认可，意味着领导者可以更顺利地管理工作。

基于上面角色转移过程中所发生的行为模式的转变，我们会发现普通管理者更关注工作任务本身和自我，而领导者更关注组织的个体行为和组织整体效益。这些不同角色下的行为决定了他们的目标、权威根源、影响力范围、权威转移指向会有较大的差异。如表 1-1 所示。

表 1-1　普通管理者与领导者的不同

维度	普通管理者	领导者
目标	正确地做事	做正确的事
	安于现状，忙于行政管理	挑战惯例，寻求新的变革
	注重短期目标	强调长远发展
	避免不确定性	勇于冒险
	等待机会的到来	令机会发生

维度	普通管理者	领导者
目标	强调效率	强调结果
权威根源	需要管理制度加以规范员工行为	使人心悦诚服
	强调控制	培养信任
	运用制度	强调价值观和理念
	运用职位权力	运用个人魅力
	注重系统	注重人
影响力范围	事务本身	事务和他人
	个人行为	组织行为
	较小的影响范围	较大的影响范围
权威转移指向	维度单一	维度多元化

除了以上几点，我们要完成从普通管理者身份到领导者身份的蜕变，还应具备以下几种领导者的特质。

1.前瞻力。前瞻力是指用发展性的眼光看待未来，这种能力体现出的特质有远见卓识、高瞻远瞩、洞察先机、未雨绸缪等。具备这些特质的领导者，能够做到"见人所未见，识人所未识"，能在大家蜂拥而上的时候看到风险，在大家没注意的方面看到市场机遇。

阿里巴巴的创始人马云在创业初期就对互联网的发展做出各种预测和判断，最终得出结论"未来的世界是电子商务的世界"。于是，阿里巴巴这样一个大型的国际性电子商务公司诞生了。

阿里巴巴的电子商务在持续、快速地发展，这种良好的发展状态得力于各种因素，但始终离不开领导者的前瞻力。

同样，股神沃伦·巴菲特（Warren.Buffett）也是一个具有前瞻力的领导者。

股神巴菲特之所以能够在变幻莫测的市场中长期获益，成为股市的神话，很大一部分原因是他能够先人一步看透一些问题。巴菲特始终秉持一个简单的做事法则，即"其他人贪婪时要谨慎，其他人恐惧时要贪婪"。

这就是我们所说的前瞻力，不会因为他人的想法而改变自己，永远有自己清醒的认识和判断。

2. 判断力。良好的判断力是领导者决策的基础，而领导者的决策正确与否决定了工作任务能否顺利完成，甚至会影响企业的发展。所以，卓越的领导者都具备一定的判断力。

善于发现机会，创造机遇。如果领导者有足够强的判断力，那么机遇就可以被创造出来。例如，在短视频兴起的时代，领导者能够迅速判断企业的产品是否可以用短视频的形式进行营销、推广。

喜欢冒险并勇于承担风险。对事情做出判断的过程其实就是做选择的过程。如果领导者没有冒险精神，那么就不敢做出选择。所以，判断力较强的领导者通常也喜欢冒险，同时还能勇于承担风险。领导者的判断不一定是正确的，很可能在实践后，发现领导者的想法根本行不通，这个时候领导者就要勇于承担责任。所以综合来说，领导者的判断力体现在领导者敢于冒险且勇于承担责任上。

对"战略机会窗口"的判断与把握。战略机会窗口是指市场提供的战略机遇。判断力较强的领导者总是善于判断市场中的机遇，并能够迅速做出反应。

3. 决断力。有人在采访海尔集团创始人张瑞敏时问道："海尔经营得这么好，您是如何做决策的？"张瑞敏回答："我们海尔永远是有50%的把握就上马。有50%的把握就上马，能够获得巨大的利润；有80%的把握上马，获得的是平均利润；有100%的把握才上马，一上马就会亏损。"太平洋建设创始人严介和曾说："无知胆更大（感性多于理性）是三流人物，有知人胆小（理性多于感性）是二流人物，有知胆更大（有多过理性的感性）是一流人物"。这些优秀领导者的言论中推崇的正是我们所说的决断力。

决断力是指领导者能够快速反应、快速判断、快速决策、快速修正的综合能力，这种能力能够帮助团队快速地获得更多机会。所以，决断力是领导者必备的特质之一。

4. 反应力。在任何企业的管理工作中，突发情况和意外都是经常发生的。因此，作为卓越的领导者应当具备灵活的反应力，能够快速反应、高效决策、合理解决问题，以最小的代价获得最大的收益。

从普通管理者到领导者的蜕变，是从认识升级到行为转变的过程。领导者要正确认识自身角色，迅速转换角色，并通过实际行动修炼领导者特质，提升领导力，蜕变为真正意义上的领导者。

第六节

从权力影响力到非权力影响力

✵

从组织的从属关系维度看，员工对领导者的决策认识由两个方面的影响因素所决定：一是组织赋予的权力影响力，二是员工对领导者的个人能力的认同。组织赋予的权力影响力是既定的，且带有强制性，即在权力的支配下员工必须遵从领导的安排完成工作。但员工对领导者个人能力的认同是由领导者个人能力大小决定的。当员工对领导者的能力非常认同甚至达到崇拜的程度时，他们对领导者的决策就会产生极度认同，这种认同会使团队上下行为高度一致，进而能够有效提升团队效益。所以，在排除权力（岗位职级）的影响后，认同性就会成为驱动行为的最有价值的影响因素之一。这种认同性的本质是领导者的个人影响力，是非权力影响力，也是我们所讲的隐形领导力。

所以对于想成为卓越领导者的人而言，要学会合理行使自己的权力影响力，更要不断提升、善于运用自身的非权力影响力。

无论是权力影响力还是非权力影响力，都会对被领导者产生一定的作用，但是二者的效果不同。权力影响力容易让被领导者感到压力、约束，非权力影响力带给被领导者更多的是激励、动力。

相比较而言，被领导者更容易被非权力影响力吸引、激励。领导者要想提升自己的非权力影响力，就要先认识权力影响力与非权力影响力的不同。

权力影响力也称为"强制性领导力"，其核心是"权"，是硬件影响力，主要来源于领导者的职务、权力、地位、资历，主要有以下几个特点。

1. 强制性

职权是规则下的权力，所以权力影响力有一定的强制性。领导者自然而然就拥有对被领导者的控制权，有权力安排被领导者工作，对下属实施奖惩行为等。

2. 外来因素

职权是由外界赋予的，所以权力影响力是外来因素。

3. 约束性

职权的大小、变更既是规则下的，又带有领导体制的规定性。因此，权力影响力既受到组织的调控，又受到社会各种机制的约束。

通常情况下，一个领导者在组织中的职务、地位越高，其拥有的权力越大，相应的权力影响力也越明显。

非权力影响力又称为"自然影响力"，是领导者综合自身素质形成的影响力，其核心是"威"，是软性影响力。这种影响力主要有以下几个特点。

1. 并非来自正式规定

与权力影响力不同，非权力影响力既不是来自正式规定，也没有来自规则的约束力。

2. 不通过职权影响被领导者

非权力影响力不通过领导者的职务、地位、资力等对被领导者产生影响，而是通过领导者的品德修养、知识水平、生活态度、情感魅力以及工作业绩和表率等对被领导者产生影响。

3. 内在因素

行为和素养是领导者自身具备的，所以非权力影响力是内在因素。

相比较来说，非权力影响力对被领导者产生的影响通常更广泛、深远、持久。领导者要想提升领导力，使被领导者自觉地、真心地服从领导，并主动、积极地展开工作，仅仅依赖显性的权力影响力还不够，还应积极修炼隐形的非权力影响力。

权力影响力与非权力影响力本质上的不同在于，非权力影响力来自领导者自身。非权力影响力的主要构成因素包括品格因素、能力因素、情感因素和知识因素，如图 1-6 所示。

图 1-6　非权力影响力的主要构成因素

1. 品格因素

领导者的品格主要包括传统美德。如崇尚平等、自由，对新事物敏感，乐观、开放的心态，充分尊重个人权力等。

2. 能力因素

领导者具备的能力主要包括沟通能力、人际关系管理能力、角色扮演能力、跨组织人际网络管理能力等。

3. 知识因素

领导者具备的知识主要包括专业知识和业务知识。专业知识是指领导者具有能在组织中产生一定影响力的某种专门知识和技能；业务知识是指领导者应具备的所负责的与业务相关的知识。

4. 情感因素

领导者的情感能力包括重视情感关系和缩短心理距离。重视情感关系是指领导者重视员工的情感管理，积极满足员工的情感需求，使组织关系更加融洽、和谐；缩短心理距离是指领导者会积极采取相应的措施缩短与被领导者之间的心理距离，有效避免因领导者与被领导者心理距离过大而导致被领导者产生对抗情绪。

通过对非权力影响力较强的领导者进行观察、研究发现，这些人身上都具备以下几个共同特质。

一、形象良好，具备一定的领导魅力

个人魅力对人际关系的影响非常大，从某种程度上说，领导者个人魅力的大小，决定了其非权力影响力的大小。卓越领导者的个人形象和魅力主要体现在以下几个方面，如图 1-7 所示。

图 1-7　卓越领导者的个人形象和魅力的体现

1. 时代感

领导者拥有充沛的时代精神和人文禀赋，他们能够实现历史文化教养和现代革新精神的适度融合。领导者的时代感主要表现为思想开放，容易接受新事物，包容性强，重视继承传统文化等。

2. 健康

领导者生理、心理都非常阳光，呈现出的是身心健康的形象。此外，领导者还会通过摘掉神秘的面具，追求真正的平民化等方式来塑造健康的形象。

3. 智慧

领导者的智慧形象不仅表现在对权力和责任的认识上，

也表现在理性与感性的融合上。领导者智慧的具体体现为有和谐发展的理念、双赢的思想和平衡的艺术。

4. 知性

领导者会树立读书人的形象，表现出对知识理性的尊崇。领导者知性的具体体现为建立学习型组织，拥有创新、进取的学习热情，有中国知识分子宁静致远的品性等。

二、平等、开放的沟通态度

沟通方式是领导者建立和提升非权力影响力的关键因素。卓越的领导者会积极克服组织沟通中的"位差效应"，在组织中实现平等、开放的沟通。沟通的"位差效应"是美国加利福尼亚州立大学对企业内部沟通进行研究后得出的重要成果。研究者发现，来自领导层的信息只有 20%~25% 被下级接收并正确理解，从下到上反馈的信息效率则不超过 10%，而平行交流的效率则可达到 90% 以上。如果在企业内部建立平等的沟通机制，那么可以大大增加领导者与下属之间的协调沟通能力，使他们在价值观、道德观、经营哲学等方面很快地达成一致。同时可以使上下级之间、各个部门之间的信息形成较为对称的流动，其业务、信息、制度的信息流通也更为通畅，信息在流动过程中发生意义分歧的情况也会大大减少。所以，研究者得出的最终结论是：平等交流是企业有效沟通的保证。

因此，卓越的领导者会打破等级壁垒，克服"位差效应"，真正意义上实现平等、开放的沟通，从而提升组织成员之间的交流效率。这种做法其实就是为领导者提升非权力影响力提供渠道。

三、合理的压力管理

压力太大或太小都容易导致被领导者对领导者的领导能力和个人品性产生怀疑，导致被领导者对领导的信心下降，从而造成非权力影响力下降。为了避免这种问题，卓越的领导者通常会通过充分的引导、授权、教学等方式，创造主动的工作氛围，促成下属主动工作的状态，这意味着被领导者对工作有高控制水平以及高要求。简单地说，就是为被领导者构建"工作要求 – 控制模型"，如图 1-8 所示。

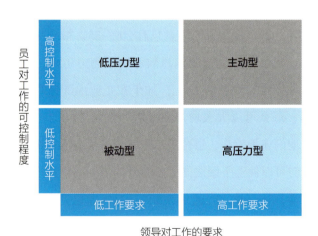

图 1-8　工作要求 – 控制模型

合理的压力管理能够让被领导者感到身心愉悦，也就更愿意积极、高效地完成工作任务。所以，合理的压力管理是提升领导力的有效措施。

非权力影响力在领导力中起着决定性的作用，是领导力的关键所在。因此，领导者不能一味用权力影响力去命令、指挥被领导者，而是要注重自身行为和素养的提高，不断修炼非权力影响力。

第七节

从显性领导到隐形领导

✦

显性领导是相对隐形领导而言的。显性领导，顾名思义，是可以看得见的领导力，包括领导者的职位、资历、头衔等。隐形领导也称为"看不见的领导力"，是指并不只来源于职位、资历、头衔的领导力，还包括领导者自身行为和素养的影响力。隐形领导力虽然看不见，却是领导力的灵魂，在领导力的构建中，隐形领导力必不可少。

那么如何从显性领导力拓展为隐形领导力呢？具备隐形领导力的卓越领导都善于运用领导替代，以激发被领导者的积极性和创造性。

1978 年史蒂文·克尔（Steven Kerr）和约翰·杰迈尔（John Jemier）首次提出领导替代理论的概念。在对领导工作进行研究的过程中，他们发现随着知识经济的兴起，普通员工的知识水平不断提高，能力和素质也随之提高，因此在很多情景下，员工可以替代领导者的部分职责。这就是著名的领导替代理论。

简单地说，领导替代是指有的时候领导者是多余的，领导力也是多余的，被领导者或其他因素替代了领导者的位置，但工作依然很好地完成了。换而言之，领导替代不仅没有导致领导力无效，反而使领导力有所增效。

一、领导究竟被什么替代了

在实际的管理工作中，被领导者、组织和环境通常有可能替代领导者的部分职责。

1. 被领导者对领导者的替代

被领导者对领导者的替代主要为决策、激励、管理三个方面职能的替代，具体内容如表 1-2 所示。

表 1-2　领导被替代的职能

被领导者对领导者的替代	
决策职能	决策不再是领导者的专利，被领导者也部分参与到决策中，部分地替代领导者的决策职能
激励职能	被领导者的自我激励部分取代了领导者的激励职能，越来越多的被领导者越来越愿意，也越来越能够进行自我激励
管理职能	被领导者的自我管理部分替代了领导者的管理职能。过去，领导者要花费大量的时间和精力对被领导者进行控制和管理，而新时代越来越多的被领导者学会了自我管理，自我控制

2. 组织对领导者的替代

组织对领导者的替代主要表现为组织的共同愿景、任务特性、规章制度、沟通渠道、组织的合理设计以及组织的周密

计划的运行对领导者的替代，具体内容如表 1-3 所示。

表 1-3　组织对领导者的替代

组织对领导者的替代	
组织共同愿景	组织共同愿景是指组织所有成员的共同目标。组织愿景具备激励、约束和导向三种功能，能够激励员工朝着同一个方向努力，共同实现组织目标。这就替代了领导者的激励和管理职能
组织的任务特性	组织的任务特性是指组织的任务通常具有程序化、满意性和反馈性等特点。组织任务的程序化可以指导员工按照既定流程完成任务，这个过程不需要领导者的过多介入；组织任务的满意性是指如果员工对工作任务感兴趣，对工作任务感到满意，他们就会主动、积极地完成工作任务，不需要领导者为此操心；组织任务的反馈性是指员工完成工作任务后，如果领导者能够把工作情况反馈给员工，就能使员工不断地优化、调整自己，这就省去了领导者的指导
组织的规章制度	组织的规章制度越来越合理、完善、健全，在这样的规章制度下，员工知道应该做什么，不应该做什么。员工可以按照规则制度合理、有序地完成工作任务，这也在一定程度上实现了领导替代
组织的沟通渠道	通畅的沟通渠道能够实现组织信息的上传下达，领导者可以快速、有效地指示工作、发布命令，员工也可以及时有效地向上级反馈问题、汇报工作。高效的沟通可以替代领导者的职能
组织的合理设计	合理的组织设计能够有效整合内部资源，使员工个人的潜力得到最大限度发挥，可以提高员工为组织贡献的欲望，进而可以使组织高效运转。这种功能就能够取代领导的部分职能

续表

组织对领导者的替代	
组织的周密计划	周密的组织计划在管理工作中能起到的作用包括导向作用、激励作用、约束作用、协调作用等多方面的作用。概括来说，周密的组织计划可以整合组织各类资源，以顺利达到预期目标。这时候，领导者的部分职能也被取代了

3. 环境对领导者的替代

环境对领导者的替代主要表现为市场经济环境、信息技术条件、环境的稳定性以及民主化的规章对领导者的替代，具体内容如表 1–4 所示。

表 1–4　环境对领导者的替代

环境对领导者的替代	
市场经济环境	市场经济越来越完善，市场的作用越来越突出，市场已经能够取代领导者的部分职能
信息技术条件	在信息时代，人们获取信息的途径越来越多，获取信息越来越便捷。越来越多的被领导者可以通过网络和其他渠道获取信息，因而不需要领导者给予信息，领导者的这方面的职能就被取代了
环境的稳定性	任何组织都在一定的环境中进行工作。稳定的环境能够为组织提供安全的保障，能使得工作有序地开展。在稳定的环境中，被领导者只需要按照既定的工作流程工作即可，也就无需领导者的指导

续表

环境对领导者的替代	
民主化的 规章	民主化的规章能够减少和限制领导者对权力的使用，同时扩大和增强普通人的作用。用规章代替人治，用民主代替专制，这其实就是对传统领导者的一种替代

二、发生领导者替代的条件

那么什么情况下会发生领导者替代的情况呢？通常来说，需要满足以下五个条件。

①互相信任。领导者与被领导者要建立牢固的信任关系，领导者要信任被领导者，被领导者要忠诚于领导者。

②领导者布置的工作任务要明确、具体。

③领导者要建立完善的、规范的管理制度。

④被领导者要知道应该做什么、怎么做，并且能自觉、主动、高质量地完成工作任务。

⑤被领导者要具备一定的工作能力，有自主意识且善于自我激励。

⑥企业文化鼓励组织成员的创造性和自主性。

⑦被领导者和领导者要保持紧密联系，领导者对被领导者无法解决的问题要及时给出解决方案。同时，领导者要保持对计划的跟踪和监督，便于及时发现偏差并调整。被领导者则要按照组织计划有序地开展工作，积极为实现组织共同目标做

出贡献。

在现代领导者情境中，领导者替代是不可避免的。我们不仅要认识这一现象，还要依据这一现象在思想、观念、行动上做出一些转变，并不断更新领导观念，促进领导者创新。只有这样，才能协调好领导者与被领导者的关系，才能发挥隐形领导力，在社会变革中立于不败之地。

第 **2** 章

完善认知：创建全新的领导文化魅力

"兵随将转，身随头动"这句话道出了领导者在团队文化建设中占据的重要地位。从某种程度上说，有什么样的领导者就有什么样的团队文化。所以，领导者要完善认知，要明确自己对团队文化建设的作用，并在团队文化建设中身担重任，言传身教，发挥领导者魅力。

第一节

和谐统一：
文化魅力和领导能力是硬币的两面
※

从辩证统一关系的角度看，组织的文化魅力是组织在演变、成长过程中逐渐沉淀下来的，能被绝大多数组织成员认可的认知规范，体现在有形和无形的团队行为当中。例如，员工的创造性行为、团队组织的活动等。在组织的发展过程中，文化魅力能够促进组织成员行为的一致性，领导者在这个基础上完成对具体事务的管理，同时又能进一步加强组织文化建设。所以说，文化魅力和领导能力就像硬币的两个面，相互依存，相互促进，我们不能抛开其中一面去理解另一面。

基于组织文化魅力和领导能力之间相互依存的关系，实现两者和谐统一的基本逻辑就是构建两者的一致性。

一、组织成员的认知与组织文化的主流观点要保持一致

组织的文化和该组织的主要领导群体（甚至个别主要领

导者）的领导风格紧密关联，领导者的认知和价值观决定了组织的处事逻辑。在领导者领导下所形成的组织文化能否对组织成员产生魅力，主要取决于组织绝大部分成员的认知与该组织文化的主流观点是否一致。

二、领导者行为准则与组织文化的主流观点要保持一致

领导者行为与组织文化也是相互影响的关系，领导者的行为也容易受到组织的主流观点的影响和制约。领导者做出某个行为前会基于组织的价值体系考虑个人行为可能给组织带来的影响，然后再决定其行为是否可以实施。正因如此，领导者所呈现出的能力与组织文化所要求的能力也就画上了等号，使得领导者的某些能力难以发挥。换句话说，只有当领导者行为准则与组织文化的主流观点保持一致时，文化魅力和领导能力才能相互依存，互相促进。

了解了文化魅力与领导能力两者之间相互依存的关系后，领导者就能够通过改善自身的行为来实现两者的平衡。领导者既要让自己的个人风格渗透到组织的文化体系里，也要注意文化对自身的认知和行为的影响，从而使领导行为更加符合组织文化。

第二节
文化魅力表现：归属感、认同感、信任度
※

　　组织文化包括很多方面，这里我们主要谈论组织中的领导文化，即领导者通过自身行为创造的组织文化，形成的领导文化魅力。领导文化魅力没有衡量标准，却是员工可以感知到的力量。从员工的感知来看，领导文化魅力主要表现在以下三个方面，如图 2-1 所示。

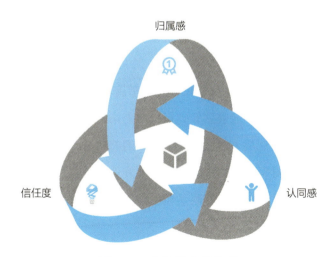

图 2-1　文化魅力的体现

一、归属感

"人人都有归属感"是领导文化魅力的主要表现。员工的归属感是指员工对团队产生了安全感、使命感、价值感、成就感等，这些感觉最终内化为员工的归属感。员工归属感对团队持续健康发展具有重大意义。归属感能够提高员工的工作积极性，激发员工的创造性，还有利于团队目标的实现。所以，那些拥有文化魅力的领导者往往是擅长为员工创造归属感的人。

某传媒公司的领导者不仅为员工提供一些保障型的福利政策，还会从员工的需求和满意度出发，运用公司的资源为员工建立自上而下的福利体系。这个福利体系覆盖员工的吃、住、行、生活娱乐等多方面，有些福利还惠及家属。例如，免费租房，公司周边餐饮免费，通信费用全部报销，家属可以获得免费旅游机会等福利。

该传媒公司领导者采取的这些措施能够让员工感到自己被尊重、被重视，能够感知到自己对公司的价值，这些感觉凝聚在一起就会让员工对团队产生强烈的归属感。这种归属感能够强化他们对领导者的跟随意愿，激发他们的主人翁精神，促使他们将自己与团队紧密联系在一起，主动、积极为团队贡献自己的力量和价值。

二、认同感

领导文化能够产生魅力的前提是员工认同领导，也就是说员工有认同感，认同感是指员工对领导文化的信任、赞同以及愿意为之奋斗的程度。员工对领导文化的认同感主要分为图2-2 所示的三种。

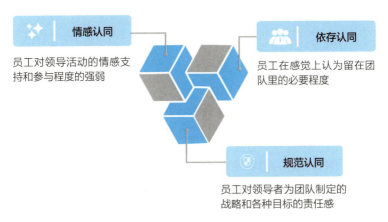

情感认同
员工对领导活动的情感支持和参与程度的强弱

依存认同
员工在感觉上认为留在团队里的必要程度

规范认同
员工对领导者为团队制定的战略和各种目标的责任感

图 2-2　员工对领导文化的认同感

拥有文化魅力的领导者能够使员工产生强烈的情感认同、依存认同和规范认同。这种认同感在实际工作中会表现为员工大力支持、积极参与领导的工作；认为自己有留在团队的必要性，且可以为团队贡献自己的力量；对领导者制定的战略和目标全力以赴。

员工的认同对领导者的工作具有重大的意义和价值。从某种程度上说，员工的认同感能够大大降低领导者的监督成本，员工不再需要领导者的监督来完成工作，而会自发主动、积极地完成工作任务。更深远的意义在于，强烈的认同感能够启发员工内心深处的力量和价值。通用电气董事长杰克·韦尔奇（Jack Welch）当年对通用电气发动革命性的变革，很大一部分原因是他坚信"潜藏在人内心深处的力量是无穷的，公司所要做的就是去启发这个力量"。认同感就具备这种作用，所以认同感是领导文化魅力的表现，更是一种领导艺术。

三、信任度

员工对领导者的信任度是领导文化魅力的关键部分，直接影响着员工对领导者工作的支持程度以及自身的工作效率。所以，拥有文化魅力的领导者一定是能够得到员工信任的领导者。

某团队领导为了构建与员工之间的信任关系，创建了一个匿名邮箱，团队成员有任何问题，包括工作、生活中遇到的问题以及对领导者、团队的建议和意见等都可以通过匿名邮件的形式传达给领导。起初，员工对这种形式持怀疑态度，认为领导只是走个形式。

某天，团队领导在会议上说："昨天我收到一封匿名邮件，反映的问题是会议时间过长，耽误工作时间，并希望会议尽量不要在快下班的时候召开。这两个问题我都深刻反思了。我会尽量控制会议时间，你们也可以提醒我。如果没有紧急事情需要处理，我一定不会耽误你们的下班时间。最后，我希望大家都可以积极、主动地反馈问题，我一定有则改之，无则加勉。"

此后，匿名邮箱的邮件变多了，员工提出了各种奇妙、有价值的想法和建议。员工与领导之间的关系越来越紧密，团队的氛围越来越和谐，团队业绩也越来越高。

该团队的改变并不是因为一个匿名邮箱，而在于这个匿名邮箱以及领导者对待这个邮箱的态度让员工产生了信任。这种信任让员工感知到了领导文化魅力，在这种情况下，员工才会真实地表达想法、意见，才愿意与领导者建立紧密关系，为团队贡献自己的价值。

归属感、认同感和信任度是领导文化魅力的表现，更是促进员工主动、积极为团队贡献价值的主要因素。所以，卓越的领导者在修炼文化魅力时会重点关注自己能否让员工产生这些感觉。

第三节

为团队树立愿景：用梦想激活每个人

为团队树立愿景是领导者不可或缺的基本能力和素质，更是领导文化魅力的直观体现。

我服务于各大企业多年。基于对企业管理工作的了解和认识，以及想对领导者的能力和素质进行探讨的目的，我对曾服务过的几家大型企业做了一个关于"优秀管理层所具备的基本能力和素质"的课题研究。在课题研究的过程中，我与几家企业的领导者一起做项目，一起讨论工作中遇到的问题。经过对领导者以及管理工作的深入研究，我研究的课题得出的最终结论是："为组织制定一个明晰的愿景和战略，在此基础上重点关注战术"，这个管理思路是一个优秀领导者不可或缺的基本能力和素质。回想我自己服务过的企业，尤其是卓越的企业，它们无一不具备较完善的文化价值体系，更为关键的是他们都有一致的团队愿景。在一致的团队愿景下，它们的行动高度一致，这也是促进它们获得成功的关键因素。所以，领导者在创建团队文化、发挥领导魅力时要重点关注团队愿景并为团队树立共同愿景。

团队愿景是指团队未来的长期愿望和未来发展方向，团队发展的蓝图，体现的是团队永恒的追求。团队愿景能够激发凝聚力、向心力，能够激励、鼓舞员工，有助于促进员工将目标转化为行动。领导者为团队树立愿景的必要性主要体现在以下几点。

1. 帮助团队获得成功

树立一个吸引团队成员的共同愿景，可以让团队成员保持专注并朝着同一个方向前进，这种状态更利于团队和员工个人实现梦想，获得成功。

2. 明确团队方向

一个人只有知道要去向何方，才有可能实现自己的梦想。一个清晰的团队愿景意味着团队每个人都知道自己要去哪里，知道他们想要获得什么样的成功。

3. 为团队决策提供依据

清晰的团队愿景可以帮助领导者对团队的各种决策进行权衡并做出正确的选择。

树立团队愿景其实就是要了解团队每一位成员的能力和梦想，然后根据每个人的实际情况和团队的实际情况，为大家造一个共同的梦想。所以，卓越的领导者都是"造梦大师"。

一、明确激励人心的团队愿景的特质

领导者为团队"造梦"的前提是明确一个能够激励人心的团队愿景具备哪些特质。

2019 年，阿里巴巴提出新的企业愿景："成为一家存活102 年的好公司；到 2036 年，服务 20 亿消费者，创造 1 亿就业机会，帮助 1000 万中小企业赢利"。

华为公司的愿景是："把数字世界带入每个人、每个家庭、每个组织，构建万物互联的智能世界"。

小米公司的愿景是："让每个人都能享受科技的乐趣"。

从这些知名企业树立的愿景中，我们不难发现激励人心的团队愿景都有以下几个特质，如图 2-3 所示。

图 2-3 激励人心的愿景的特质

1. 明确、清晰

激励人心的团队愿景首先一定是明确、清晰的，例如，

"到 2036 年，服务 20 亿消费者，创造 1 亿就业机会，帮助 1000 万中小企业赢利"这个愿景中包含具体的数据，非常明确、清晰。

2. 体现意义感和价值感

例如，"让每个人都能享受科技的乐趣"，这就是非常有意义感、有价值感的愿景。

3. 要激进，也要有现实感

愿景要能够激励员工，也要让员工跳一跳能够得着。例如，对于一般团队来说，"服务 20 亿消费者，创造 1 亿就业机会"这种愿景是激进但难以实现的，这种愿景不具备激励作用。

4. 能够上下承接

团队愿景只有链接到个人才能产生激励的力量。

二、为团队树立共同愿景

领导者要结合团队和员工个人的实际情况为团队树立共同愿景。通常，领导者可以以"团队愿景"为主题召开团队会议，通过会议的形式构想团队愿景并确立统一的团队愿景。会议可以按照以下步骤展开。

1. 明确主题，提出相关问题

会议正式开始后，领导者要向员工清楚交代本次会议的主题是"树立团队愿景"，员工可以围绕哪些具体的问题展开思考。通常，员工可以围绕以下几个问题展开思考。

我们所处的行业趋势、红利有哪些？哪些趋势或红利对我们的团队来说至关重要？重要性体现在哪些方面？

团队服务的是哪些人群？趋势和红利会给这些人群带来哪些影响？他们可以从中获得哪些利润？

团队创立之初的意图是什么？行业趋势和红利是否对这个意图造成了影响，是否需要调整？

具体提出哪些问题，领导者应根据团队的行业属性、团队工作内容、员工个人等实际情况而定。

2. 头脑风暴，大胆构想团队愿景

领导者为员工指明会议主题和思考的方向后可以采取头脑风暴法，让大家积极、主动提出想法、建议，大胆构想团队愿景。通常，这个环节可以先让员工独立思考并提炼描述愿景的关键词，然后再分组讨论。领导者可以将团队分成若干小组，每组 2~3 人，大家分享自己关于愿景的想法、建议，提炼出关键词，最后小组形成统一意见。

3. 领导者统一各小组意见，凝练团队愿景

领导者要做的工作是对各小组提出的愿景再次进行总结，并以文字形式描述出来，形成最终的团队愿景。

团队愿景树立后，领导者还要与团队成员进一步讨论、商议，制订出团队成员认可的实施方案和行动计划。这个实施方案和行动计划的内容应包括宣传共同愿景、制订具体的时间计划、对员工进行培训、建立相应的管理制度等。总之，要让团队愿景深入人心，要让每个人的梦想可以落地，形成众心所向。

第四节

为团队塑造榜样：用榜样复制榜样

＊

领导文化魅力不仅来源于领导者自身，还来源于领导者为团队塑造的榜样。在团队中，领导者塑造什么样的榜样，鼓励什么样的行为，关系到领导者的价值理念和领导文化建设。所以，领导者不仅要身先士卒，成为团队的榜样，还要善于为团队塑造榜样，发挥榜样的力量。

榜样的力量是无穷的。在每个人的成长过程中，都有一个能够给予自己力量的榜样。这种力量可以激励我们战胜各种困难，推动我们不断前进。

知名心理学家阿尔伯特·班杜拉（Albert Bandura）曾做过一个经典的"模仿实验"，目的是证明学习就是模仿。该理论通俗地解释就是"榜样的力量是无穷的"。

班杜拉找来一群儿童并将他们分为三组，分别观看一个成年男子暴打玩具娃娃的影片。不同的是，第一组儿童看到，男子暴打玩具娃娃之后获得了奖励；第二组儿童看到，男子暴打玩具娃娃之后受到了严厉的惩罚；第三组儿童看到，男子暴打玩具娃娃之后既没有受到奖励，也没有受到惩罚。

接下来，班杜拉将三组儿童送入同一个房间，里面有一个同样的娃娃。

第一组儿童看到玩具娃娃之后就开始实施各种攻击行为。攻击行为最多。

第二组儿童看到玩具娃娃之后只有少部分人实施了攻击行为。攻击行为较少。

第三组儿童看到玩具娃娃之后部分人实施了攻击行为，攻击行为居于第一组儿童和第二组儿童之间。

这个心理实验充分说明了榜样的力量是巨大的。当榜样人物的行为得到奖励后，就会激发人效仿这种行为；当榜样人物的行为受到处罚后，就会促使更多人避免做出此类行为。由此可见，榜样具有代表性、导向性、示范性等作用，优秀的榜样可以引导团队其他成员的正确行为，对建设团队具有积极的作用。

领导者要想为团队塑造一个优秀的榜样，就要重点关注以下几点。

一、选择合适的人作为榜样

榜样不一定是在所有方面都表现突出的员工，但榜样一定要具备以下几个特点，如图 2-4 所示。

能够创造工作成果

在某些方面有过人之处

榜样行为水准不能设置过高

图 2-4　选择合适的人作为榜样

1. 能够创造工作成果

团队经营的最终目的是获得成果，获取利润，所以榜样一定是能够创造工作成果的人。有工作成果的榜样能够激发员工行动，促使他们创造出更多的工作成果。所以，领导者在为团队塑造榜样时要重点关注那些可以创造工作成果的员工。

2. 在某些方面有过人之处

榜样不一定是全能型人才，但一定在某些方面有过人之处，例如，客户满意度最高，工作表现最积极等。这些特点都可以成为选择榜样的标准。

3. 榜样行为水准不能设置过高

领导者在为团队塑造榜样的时候很可能有这样一个误区，认为榜样一定是高高在上的人物。但从员工角度来看，如果榜样的行为需要员工通过很长的时间或者需要付出巨大的努力才能效仿，那么很容易导致他们主动放弃，这样榜样就失去了激励作用。所以，榜样行为水准不能设置过高，要设置在让员工蹦一蹦就能够达到的高度。

二、扩大榜样的影响力

在组织管理行为中切不可忽视榜样的影响力。榜样的作用主要在于影响他人，所以塑造榜样的目的不仅是选出合适的人作为榜样，还要扩大榜样的影响力，用榜样去影响其他员工，用榜样复制更多的榜样。

在实际的管理工作中，领导者可以采取以下措施扩大榜样的领导力，如图 2-5 所示。

大力宣传、表彰

利用榜样的经验引导员工

给榜样以令人羡慕的奖励

维护榜样的人际关系

关注榜样的成长

提醒榜样注意细节

增强榜样的抗挫折能力

图 2-5　扩大榜样的影响力

1. 大力宣传、表彰

要想发挥榜样激励员工的作用，领导者就要对榜样的事迹进行大力宣传，供其他员工学习。通常领导者可以采取的措施是通过团队的各种沟通渠道来宣传榜样的真实事迹。例如，公司的公告栏、官方网站等。

某药业集团曾发行了一套明信片，明信片上印的是公司优秀员工的照片。他们因为工作表现突出，被公司宣传为形象代言人，塑造为其他员工学习的榜样。同时，公司还给这些人发放了奖金。这件事轰动了全公司，对员工产生了很强的激励作用。

2. 利用榜样的经验引导员工

榜样要动起来才能发挥榜样的作用，所以领导者要引导、鼓励榜样主动向团队成员分享经验或者对其他成员进行相应的培训。这样不仅可以让其他员工看到榜样的价值，认可榜样的能力，还能引导员工更出色地完成工作任务。

3. 给榜样以令人羡慕的奖励

奖励可以更好地激励其他员工向榜样学习。这个奖励可以是物质上的激励，也可以是精神上的激励，但这个奖励一定是要能够让其他员工羡慕的，而不是可有可无的。

我曾在一家公司任业务副总经理，工作期间有一件事令我印象深刻。一位项目经理在一次项目策划中表现非常优秀，为公司带来了巨大的收益。当时，公司决策层对如何奖励项目经理这个问题存在一些不同的意见，而我极力主张奖励 10 万元现金并在公司大会上进行公开表彰。我认为项目经理为公司创造的价值值得这么丰厚的奖金。值得开心的是，决策层的其他人采纳了我的建议。自此以后，我明显感觉到团队其他成员对市场拓展这项工作的认识有了质的飞跃，从此开创了组织所有成员愿意在市场层面上主动调动各种资源、思考各种想法完成绩效和任务指标的良好局面。

当然，能够起到激励作用的奖励也不一定是巨额奖金，但奖励一定要是能够令其他人羡慕的。

4. 维护榜样的人际关系

要避免因树立榜样而影响团队的人际关系，这会降低榜样的影响力。领导者应帮助榜样维护人际关系。

我所在的团队经常会发生这样的情况：当某些能力比较突出的员工获得晋升时，原先的同事或多或少会产生一些不好的想法，有的同事甚至刻意疏远获得晋升的员工。这种不和谐的内部关系会对晋升的员工和其他员工都造成影响，从而影响整个团队、公司的效益。因此，领导者在提拔员工的时候，要尽量帮助员工处理好与原来同事之间的关系，要让职级相同的同事认识到他们之间的差距和对方的优点。这样才能完善组织上下级和同级之间的关系，促进整个团队的人际关系

更加和谐。

5. 关注榜样的成长

领导者要关注榜样的成长，为榜样提供成长和学习的机会，要时刻教育榜样戒骄戒躁、持续学习、不断前进，避免员工成为榜样后不思进取。这样才能持续发挥榜样的力量。

6. 提醒榜样注意细节

当一个人成为他人效仿的榜样时，其一言一行都会受到他人的关注。一旦处理不当，就会影响榜样在其他员工心中的形象。所以，领导者应提醒榜样多注意细节。

7. 增强榜样的抗挫折能力

榜样也会犯错，但犯错并不影响榜样的力量，如果榜样有较强的抗挫折能力，反而更能激励其他员工。所以，领导者还应帮助榜样增强抗挫折的能力，使榜样遇到挫折的时候能够从容、冷静地应对。

我的团队中有一些员工的业务能力非常强，但是他们在面对一些比较刁钻的客户时，同样会有挫败心理，甚至产生放弃的想法。这个时候我就会对他们更加耐心，真心地帮他们分析对策，培养抗压能力，并在业务能力的综合维度上强化他们的能力，让其他员工看到榜样的不同，从而更加认可榜样。

团队的发展和进步离不开榜样的力量，所以领导者要善于从团队中挖掘榜样，塑造榜样，达到"宣传一人，带动一片"的激励效果。

第五节

带领团队冲锋陷阵：用实战点燃激情

❋

　　一个人的力量是有限的，如果一支队伍只有领导者在前面拼命地奔跑，身后的一部分人只是在走，甚至原地不动，那么这个团队最终还是会走向失败；优秀的团队需要卓越领导者的带领，如果领导者只会发布命令、安排任务，员工只会一个人埋头苦干，那么这个团队也很难创造高绩效，最终也会失败。所以，卓越的领导者不会自己一个人干，也不会让员工一个人干，而是会带领团队一起冲锋陷阵，用实战点燃员工的激情。

　　当领导者带着团队一起实战，带领他们打赢一个又一个硬仗，员工对领导者的信任度就会大大提升，更愿意跟随领导者，为团队贡献自己的力量。这主要是因为领导者能够帮助他们解决问题，拿到结果，他们可以看见领导者的实力。所以，领导者要认识到领导文化不只是嘴上说说而已，还体现在实战中，要教会员工工作方法，带领团队拿到实战结果。

　　领导者要主动创造机会参与到员工的工作中，让员工感知到领导者的存在和价值。

　　通常，领导者可以采取以下几种方式参与到员工的工作中。

一、走动式管理

走动式管理是指领导者不要总是高高在上，坐在办公室里指挥，而要走出办公室，走到员工身边，跟他们交流，在实际工作中为员工提供指导。这是领导者参与员工工作的基本要求。

英特尔公司前首席执行官安迪·格鲁夫（Andy Grove）曾在英特尔制定了一项制度，要求高层经理轮流检查公司大楼的卫生。他说，这项制度的真实目的不是让经理检查卫生，而是创造机会让这些高管在公司大楼里转一圈。这样，他们就可以与一线员工直接交谈，获取到一手信息。

对于领导者来说，到处走动走动能够获得一手信息，从而更好地掌握团队发展动态，便于做好管理工作。对于员工而言，这是领导者参与团队工作的一种方式。他们可以更及时、便捷地向领导者反馈问题，他们的工作也能够及时被领导看见，这一点可以强化他们自身的工作价值，让他们更愿意积极地解决问题，创造价值。

二、一对一情景指导

一对一情景指导是领导者指针对某个员工在某个问题上进行一对一的单独指导。这种指导方法既能够强化领导者对员工工作的参与感，还能够帮助员工高效地解决问题。

销售部门的赵威因工作失误导致高价值顾客向总部提出

了投诉，并表示要退出公司的会员。部门主管章程认识到问题的严重性，且深知仅凭赵威的能力无法妥善处理该客户的投诉问题后，决定参与到赵威的工作中，帮助赵威一起解决问题。

章程并没有在一开始就提出处理投诉问题的建议和方案，而是向赵威提出了几个问题，例如，"当前最重要的问题是什么""客户为什么会投诉""客户投诉的需求是什么""我们可以通过哪些方式满足客户需求""后续工作需要如何改进、优化"，等等。通过一系列问题引导，赵威制订了解决客户投诉的初步方案。领导者针对方案提出了优化、改进的建议，最终与员工一起确定了最优的解决方案。

章程帮助赵威解决客户投诉问题的整个过程就是典型的一对一指导，是常见的带领员工实战的形式。虽然章程没有直接给出解决问题的方案，但是这种引导式的指导更能帮助赵威从根源上解决问题，获得成长。同时，也能让赵威看到领导者的能力，并对领导者产生敬意和崇拜，愿意跟随领导者一起干。

一对一情景指导通常适用于工作任务比较艰巨，或者员工遇到某个难题始终无法自己解决的时候。这两种情况下，领导者带领员工实战更能体现领导者的能力，更容易点燃员工的热情。

三、陪同工作

阿里铁军有一个著名的"陪访制度"，是指每一位销售主管最核心的任务就是陪访。陪访是和销售员一起拜访客户，帮助销售员冲业绩。领导者陪同员工一起工作，是领导者带领员工实战的一种方式，更应当是领导者的工作常态，这样能够陪伴员工快速成长。

继续以上述章程与赵威的事情为例。

为了进一步确保可以解决客户投诉问题，章程决定陪同赵威一起会见客户。在会见客户的整个过程中，主要由赵威负责处理问题，章程做补充。最后，客户接受了方案。事后，赵威说，这次之所以能够顺利解决问题，主要得力于主管的协助，并表示一定会改正自己的问题，优化自己的工作流程，避免以后出现此类失误。

领导者陪同参与工作的形式，不仅能够直观展示领导者的实力，还能够让员工感受到领导者的关怀和体贴，这种情况下，员工的热情很容易被点燃。

领导者参与员工工作，带领员工实战的形式有很多，但无论采取哪种形式，领导者都要注意以下几点。

1. 根据实际情况参与员工工作

如果员工有需求，且领导者认为采取这种形式能够帮助员工解决问题，提升员工的工作效率，那么领导者可以加入员

工的工作中。

2. 领导者是配角，员工是主角

领导者带领员工实战的时候要摆正自己的位置，领导者主要负责协助工作，具体如何解决问题应交给员工去做，而不是直接帮员工完成。

3. 领导者负责提出意见，工作决策交给员工

领导者只需要根据员工的实际情况提出自己的意见，工作的决策权还是要交给员工。因为员工通常只会为自己做出的决策主动付出。

领导文化是一个看不见、摸不着的东西，但是员工可以通过实战感受到领导文化的魅力。所以，领导者要积极、主动带领员工实战，让领导文化落入实地，让员工切实地感受到领导力的存在。

第六节

激发团队状态：
用多维度的团队优势增强成员的自我价值感

＊

如果团队没有优势，在市场中没有竞争力，员工就感知不到自身的价值，对工作就会失去热情。换句话说，团队优势越突出，团队的市场地位越高，越不可替代，员工的自我价值感就越高，整个团队的状态就越积极。所以，卓越的领导者不仅会挖掘优秀员工，发挥榜样的力量，还会从多维度构建团队优势，增强成员的自我价值感。

一、构建优势互补的团队

团队优势是指团队合作所产生的一种优势，它不同于个体优势。个体优势不能代表团队优势，只能对团队优势起到一定的补充作用。所以，核心竞争力较强的团队往往不是个人能力很突出的团队，而是成员之间的能力能够形成互补的团队。

一项工作需要有创造力、沟通力、专业技能、反应敏捷等几种能力素质才能顺利完成。团队有 A、B、C、D 四位员工。A 员工有创造力，B 员工有沟通能力，C 员工有专业技能，D 员工反应敏捷。这四位员工可以负责自己擅长的工作内容，在工作中发挥自己的特长，从而出色地完成工作任务。

团队成员之间具有差异化的技能、经验和知识，如果互相之间能够形成补充和协作，那么团队就能形成有效的系统整体。系统整体的力量远远大于个人的力量。所以，领导者要了解每一位员工的优势，构建一个优势互补的团队。

二、打造互相信任和支持的团队氛围

打造互相信任和支持的团队氛围能够加强团队成员之间的情感连接，促进团队成员协作，高效地完成工作任务。

通常，领导者可以通过以下几种方式打造互相信任和支持的团队氛围。

1. 领导者先信任员工

有一项关于信任的调查结果是，"几乎所有人都希望得到他人的信任和尊重，但同时表示不会主动先信任他人"。所以，领导者要想打造互相信任和支持的团队氛围就要先信任员工，然后将这种理念传递给员工，让员工也主动信任其他人。

2. 建立团队信任、支持合作制度

领导者可以根据团队的实际情况建立团队信任、支持合作制度，奖励有助于打造团队信任、支持的行为，批评不利于团队信任、支持的行为。

3. 组织集体活动

通过集体活动可以增强员工之间的信任和支持，例如，团队旅游、集体聚餐等。

4. 合作办公

在布置工作任务的时候，可以提出以 2~3 人小团队的形式来共同完成，完成后的工作成果由大家共享。

打造互相信任和支持的团队氛围其实就是要求领导者为团队建立更多的互动和沟通渠道，从而增强员工之间的情感链接，提升团队协作能力。

三、保持不断学习和改进的工作习惯

时代在飞速发展，市场竞争也越来越激烈，能够在这种激烈的竞争环境中站稳地位、不断发展的团队，都保持着不断学习和改进的工作习惯。所以，领导者要采取一些措施，激励员工不断学习、改进，并保持这个良好的习惯。例如，为员工

提供培训机会，帮助员工制订改进计划等。

四、提升决策力和执行力

高绩效团队的突出优势是有高效的决策能力和执行能力，他们能够根据外部反应和内部信息高效地做出决策并制订计划、落实行动。高效的决策能力和执行力不仅可以提高团队的发展潜力，还能够帮助员工更好地发挥自己的能力。

领导者可以从以下两个方面着手提升团队的决策力和执行能力。

1. 建立完善的沟通机制

只有沟通顺畅，信息才能够有效流通，领导者和团队成员之间才能快速、全面地获取和分析信息，从而高效地做出决策。所以，领导者要为团队构建完善的沟通机制。例如，采用多功能办公工具，实现即时互动、反馈。

2. 加强团队执行文化建设

领导者要将执行力纳入团队文化，要求员工以结果为导向开展工作，做到言必行，行必果。

高效的决策力和执行力不是一朝一夕形成的，领导者应当从团队的实际情况出发，从多维度提升决策力和执行力。

团队的成功从来不是取决于哪一个单独的优势，而是取决于多维度团队优势形成的合力。团队优势是一个综合性的概念，体现在团队的方方面面，除了以上几点，领导者还可以根据团队实际情况、外界环境等，从其他维度为团队构建优势。

第七节

把团队凝聚成一体：
用情义和价值观凝聚人心

❋

　　有文化魅力的领导者能够将团队凝聚成一个整体，增强团队成员的凝聚力、向心力，实现一加一大于二的团队合作效果。团队凝聚力不仅是维持团队生存的必要条件，而且对发挥团队潜能有非常重要的作用。

　　能够让员工产生较强凝聚力的方式主要有以下两种。

一、用情义凝聚人心

　　人人都有情感需求，从情感层面入手更容易打动员工，凝聚团队力量。这里的情感通常包括期望、认可、关怀和集体仪式，如图 2-6 所示。

1. 期望

　　期望是指员工内心中对团队的要求，包括工作内容、薪资、福利等。当员工的期望得到满足时，员工就会主动、积极地为团队贡献自己的价值。所以，领导者可以通过期望管理增

图 2-6　用情义凝聚人心

强团队凝聚力。期望管理是指对员工的期望进行管理，对其不合理的期望予以剔除，对其合理的期望进行最大限度的满足。同时引导员工建立正确有效的期望，从而使员工满足，促使员工和团队共同发展。

2.认可

对员工的工作表示认可也可以增强员工的自信心和自我价值感，强化员工为团队付出努力的意愿。例如，可以多对员工说"我相信以你的能力一定可以出色地完成这项任务""这个项目之所以能做好，大部分归功于你"。

3.关怀

关怀员工能够让员工感到温暖、体贴，这种对内心的触动容易凝聚人心。

某团队领导者制定了员工情绪管理法，具体做法是定期对各个部门进行问卷测试，测试员工的压力、焦虑指数。当员工有工作任务时，领导者会采取措施表扬、鼓励员工；当发现员工的压力巨大，可能形成心理问题的时候，领导者会请专业人员对员工进行心理疏导。

4.集体仪式

为团队打造集体仪式感，不仅能够营造温馨的团队氛围，还利于加强员工的凝聚力。

在我担任管理者的过程中，逢年过节我都会组织团队聚餐。此外，工作中的一些重要节点或取得某些工作成果时我还会组织轻松的家庭式聚餐。为了增加聚餐的趣味性，提高大家的参与度和热情，我会提议每一位同事带一个自己的拿手菜来。如果不会做，可以选择包饺子或者购买半成品加工，因为比起是不是自己做的，我更在乎集体仪式和团队参与感。在这个活动中大家放松、快乐，彼此之间的链接也更加紧密，可以更轻松、愉快地开始下一个阶段的工作。

集体仪式的形式并不固定，领导者可以根据团队成员的喜好安排活动，总之要尽可能激发大家的热情、积极性，让大家可以轻松、愉快，沉浸在活动中。

情义的力量是微妙的、无穷的，能够对员工的行为产生深远、持久的影响，也是影响团队凝聚力的关键所在。所以领导者要善于运用情义的力量，采取各种措施传递情义，增强员工的凝聚力。

二、用价值观凝聚人心

当员工的价值观与团队的价值观统一时，团队就能产生凝聚力。这主要是因为统一的价值观让员工和团队成了同一条船上的水手，如果大家不能齐心协力地去划桨，那么这条船不但无法前进，还有沉没的危险。相反，大家方向一致，共同努力才能到达胜利的彼岸。这种情况下，员工就会产生凝聚力，会主动为团队付出，帮助团队实现目标。反之，如果团队成员的想法各不相同，那么就很难形成合力。

所以，对于领导者而言，如何统一员工与团队的价值观也是其要面对的重要课题。通常，领导者可以按照以下两个步骤统一员工和团队的价值观。

1. 让每一个团队成员认识到团队的价值观和他们自身的价值观并不冲突

在实现团队价值观的同时，员工的价值观也能得以实现。当员工有这种认识时，构建统一的价值观就变得更加统一。

2. 找到员工个人价值观和团队价值观的共性

领导者要深入了解员工的价值观和企业的价值观，然后找到两者之间的共性，最终形成统一的价值观。

统一员工与团队的价值观并不是一件容易的事情，这需要领导者的付出，需要领导者做好调研工作，同时，有耐心、格局，并能够深入了解员工和团队，将员工的梦想纳入团队的共同梦想中。

团队行为的高效协同、步调一致是团队稳定发展、取得胜利的保障。作为团队的领导者，要努力增强团队的凝聚力，最大化发挥团队合理的价值和作用，促进团队健康、稳定地发展。

第 **3** 章

改善作风：塑造可视的领导魅力

领导魅力是领导者身上所展现出来的吸引力、感召力、说服力和影响力，是领导力的外在体现，与领导力之间是相辅相成、互相推动的关系。

第一节

强化个人能力：力服、才服、德服

✳

　　领导者的可视魅力主要来源于领导者的个人能力，个人能力越强的领导越容易让员工感知到自己的魅力。所以，领导者塑造可被感知的领导者魅力的关键是强化个人能力。强化个人能力的本质是通过提升领导者的个人能力，树立领导威信，让领导者能够服众。从管理学的角度说，服人途径主要有力服、才服和德服三种，如图 3-1 所示。

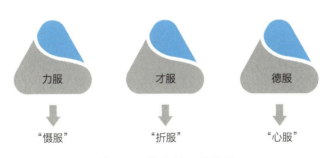

图 3-1　服人的三种途径

　　力服，也称为"慑服"，是指在领导者权力的压迫下，员工不得不对领导者产生信服和认可；才服，也称为"折服"，是指员工被领导者某方面的才华、学识征服，从而对领导者产生信服和认可；德服，也称为"心服"，是指领导者的高尚人格所产生的影响力让员工感到信服和认可。

从力服的角度讲，员工对领导者产生的信服和认可并不是发自内心的，只是迫于领导者权力的震慑而不得已的服从。这种情况下，员工通常只会抱着无所谓、差不多的心态去工作，并不会积极地展示自己的真实能力，领导者因此很难得到员工真实的工作情况反馈。这样并不利于推进管理工作，甚至会降低团队的工作效率。

从才服的角度看，员工是因为领导者的专业知识、能力对领导者产生了信服和认可，这种信服和认可通常发自内心，能够对员工的行为产生一定的影响。但这种情况下，员工对领导者的信服和认可也只是基于领导者所展示出的某些才能，对领导者其他方面也可能持不同的看法和观点。不过相比较而言，虽然才服不一定能使领导者全方面获得员工的认可，但是才服所产生的影响力足以帮助领导者影响员工，管理员工行为。所以，才服所产生的影响力是领导者应当具备的基本能力。

事实上，卓越的领导者往往会在才服的基础上不断提升自己的道德影响力，从才服到德服。因为，从人性的角度看，员工更容易被道德高尚、品性良好的领导者打动、影响，更愿意信服并认可这样的领导者。而且这样的领导者对员工产生的影响更深远，他们愿意在工作中的任何事情上心甘情愿、无条件地服从领导者的管理，会积极、认真地执行每一样工作任务，确保获得理想的工作成果。

　　古语有云："服人者，德服为上，才服为中，力服为下。"这句话表达的意思是，我们要想获得别人的信服，首先要提升自己的道德品格，把立德作为立身之本；其次才是依靠个人才能，而用权力使人服从则是下下之策。领导者在管理工作中也要认真践行这句古语中传达的道理。对于团队领导者而言，唯有以德先行，德才兼备，才能真正地树立领导者的威信，带出一支步调一致、业绩卓越的团队。

第二节

强调组织价值：始终以团队利益为第一视角

联想控股名誉董事长柳传志曾在某个访谈中说："联想成功的秘密可能只有真正了解中国的人才懂：'价值观+方法论'，其价值观一共14个字：企业利益第一、求实、进取、以人文本。"联想将"企业利益第一"摆在了企业价值观的首位。关于"企业利益第一"，柳传志的解释是："企业利益是实现其他利益的前提。在价值判断和利益取舍时要把企业利益放在第一，个人服从组织，局部服从整体。"企业利益是实现其他利益的前提，是一个不争的事实。只有企业获得了利益，企业中的团队、个人才能获得利益。任何团队管理工作也是如此。所以，优秀的领导者会放大自己的格局，始终以团队利益为第一视角。领导者深知只有团队获得利益，领导者个人以及员工个人才能获得利益。换句话说，维护团队的利益就等于维护领导者自身的利益和员工个人的利益。

始终以团队利益为第一视角并不只是一句简单的口号，而应当落实到实际的管理工作中，成为领导者的管理理念和员工的行动指南。

一、全局意识：坚持团队利益高于一切

全局意识是指领导者在处理公私关系的态度和立场上要有全局意识。领导者在处理团队利益、局部利益和个人利益三者的关系时，必须坚持团队利益高于一切的原则。当个人利益和局部利益与团队利益发生冲突时，领导者要以团队利益为重。

领导者不仅自身要具备"团队利益高于一切"的意识和理念，还应将这种意识和理念传递给团队每一个人，让员工深刻认识到维护团队利益是每一位员工必须恪守的基本职业规范。

总之，领导者要将"团队利益高于一切"纳入团队的核心价值观，使其成为团队文化。

二、审视资源：实现人力资源价值最大化

始终以团队利益为第一视角在实际管理工作中首先体现在审视团队资源，清醒地认识团队所具备的优势，并充分发挥人力资源的作用，实现人力资源价值最大化，实现团队价值最大化。

1. 加强人才梯队建设

为了团队经营任务的完成和可持续发展，领导者应根据团队的发展需要提出人才梯队计划，以提供人才保障。领导者要对团队现有的核心人才进行动态盘点，在此基础上根据人才

缺口制订相应的人才补充和培训计划并组织实施。

2. 合理、有效地发挥现有人才的作用

对于优秀的员工，领导者应大胆授权其开展工作；对于能力欠缺的员工，领导者应通过培训、辅导等方式帮助其成长，发挥其潜能。

3. 充分利用激励措施，激发团队员工的潜能

团队每一个人的潜能都得以发挥，团队的利益才能得到保障。所以，领导者应善于充分利用激励措施，激发团队员工的潜能。

团队的利益不是领导者单独创造的，也不是某个员工创造的，而是团队所有员工共同努力的结果。所以，充分发挥团队每一位员工的潜能，实现人力资源价值最大化，就是在强调组织价值。

三、关注重点：确保团队经营目标任务的完成

始终以团队利益为第一视角，换个说法就是领导者一定要确保团队经营目标任务的完成。因为只有完成团队经营目标，团队才能获得利益。为了确保完成团队经营目标任务，领导者还应做好以下几件事。

1. 分解团队经营目标

领导者要对团队经营目标进行层层分解，并制订切实可行且团队成员认可的计划。然后组织团队成员实施计划，以确保完成经营目标任务。

2. 在实施过程中进行调整、优化，确保目标实现

如果在实际工作中发现目标或计划存在问题，那么领导者要及时对目标进行调整、优化，确保目标实现。

3. 关注经营过程中的重点工作

团队经营过程中涉及的工作任务非常多，而领导者的时间和精力是有限的，在这种情况下，领导者要强调组织价值，就要重点关注那些能确保团队经营目标完成的工作。简单地说，领导者要始终聚焦团队利益，重点关注能够对团队利益产生较大影响的工作任务。

领导者要以团队利益为第一视角，并不是只顾团队利益，忽视员工利益，而是要做到团队利益和员工利益兼顾。总之，领导者要始终牢记，团队利益高于一切，并将这一概念奉为团队的核心价值和行动的最高法则，团队任何决策和行动都必须以此为依据。

第三节

强联基层组织：
与每一个团队和谐共处，对每个人保持热情

＊

知名管理者稻盛和夫曾说，领导者的热情是员工活力的"充电站"。卓越的领导者往往不会只关注自己的一亩三分地，而会与团队中的每一位成员和谐相处，对每个人保持热情。这样能进一步激发组织的活力，为组织创造更高价值。

组织的结构通常可以分为纵向组织和横向组织，横向组织是指平级业务组织单元，纵向组织是指上下级业务组织单元。卓越的领导者会同时处理好横向组织和纵向组织的关系。

在实际的工作中，横向组织的每一位成员的工作都可能与领导者的工作产生一定的关联性，这种关联性会对领导者的工作产生一定的影响。例如，营销部门的领导者为了确保所销售的产品的质量是可控的，就会加入生产部门的品控管理工作中。在这个过程中，领导者的管理行为会对横向组织的员工产生行为和认知上的影响。这个时候，如果领导者不能与横向组织的成员和谐共处，那么很可能就会导致横向组织成员出现工作不配合的情况，甚至会影响两个团队之间的关系，乃至影响

整个组织的发展。所以，领导者在跨部门合作，处理横向组织之间的关系时一定要了解横向组织的管理模式、员工特点，然后"因地制宜"进行管理，并尽可能维护关系，对每个人保持热情。

纵向关系在组织里面表现为业务链条上下游的关系。如果领导者不能处理好这种关系，那么就很容易对组织的整体业务链条产生重大影响，甚至造成业务行为干扰，阻碍组织的正常运转。例如，营销部门的领导者如果处理不好与市场部和销售部的关系，那么很可能就会导致这两个部门不配合销售工作。如果这样，那再好的营销方案也无法发挥其价值。

实际上，处理横向组织关系和纵向组织关系的本质是处理好与组织上下的每一个团队、每一位成员的关系。在对不同组织的成员管理的过程中，领导者应重点做好的事情，是对不同的组织的成员的看法和认识要公平、公正，不能因为他们不属于同一个业务单元而产生偏见。虽然在组织的结构体系中，由于业务属性的不同会造成各个业务单元的成员之间的行为和认知有所差异，但是从人际关系和影响力的角度讲，每一位领导者都应当平等、热情地对待组织的每一位成员，从而最大化地发挥自己的影响力。

第四节

保持率先垂范：
敢于担当，能带领团队一起解决问题

✵

　　知名企业松下电器的创始人松下幸之助曾说："作为一个经营者，一定要有担负绝对责任的心理准备才可以。不管员工有 100 人还是 200 人，就算聘用了 1000 人或 2000 人，责任还是由一个人来承担。既然站在了最高立场，一切就都是自己的责任了。"这是经营管理中亘古不变的道理，更是领导者的魅力所在。作为团队的领导者，必须具备的能力之一，就是率先垂范，敢于担当。

　　A 公司产品部主管刘某与 B 公司产品部门负责人章某就某项目的合作展开了一场谈判。但是这场谈判并不顺利，火药味十足。B 公司的负责人章某说："前期，这个项目一直是你们部门的员工赵某跟我沟通，虽然他对这个项目比较了解，但是我不喜欢这个人的做事风格。如果你把他开除，那么我就可以考虑继续跟你谈判。"一向礼让谦和的刘某立刻拍着桌子说："我们的合作和谈判是在平等的原则下进行的，你没有权力让我撤掉赵某，就像我跟你谈判如此不愉快，但我也没有权力要求你的领导撤掉你的职位一样。而且据我了解，赵某并没有做错什么事情。即便他做错了事情，你也可以说出来，我愿意为我的员工承担责任。"章某哑口无言，这场谈判最终不欢而散。

其实，在主管刘某与章某谈判之前，赵某就告诉刘某，章某想提高合作金额，私下收取佣金，并承诺可以分出一部分给赵某。赵某坚决拒绝了章某，对方因此恼羞成怒。后来，赵某听说主管刘某极力维护自己，非常感动，并表示为自己有这样的领导而自豪。团队的其他人也深受刘某的影响，无论遇到什么事情都能敢于承担责任。

所谓正人先正己，做事先做人。领导者要想管理好员工就必须率先垂范，承担起责任。尤其是在团队遇到困难时，领导者更要身先士卒，走在团队的前列，带领团队一起解决问题。这样做不仅能够提升领导者的魅力，还有利于领导者树立起在员工心中的威望，提升团队的凝聚力和战斗力。

在管理工作中，当团队遇到问题，面临发展困境时，领导者可以按照以下步骤担起责任，带领团队一起解决问题，如图 3-2 所示。

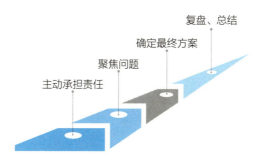

图 3-2　领导者承担责任的步骤

一、主动承担责任

在团队遇到问题或面临发展困境时，无论这个问题是不是领导者直接造成的，领导者都应当主动站出来承担责任。这种关键时刻站出来承担责任既能展现领导者的担当精神和魅力，还能让员工知道领导者会跟他们一起面对问题，避免员工产生消极心理。

二、聚焦问题

作为领导者，承担责任的目的不是营造一个和善的领导形象，而是让团队成员都认识到当前存在的问题，并积极寻找解决问题的办法。所以，领导者主动承担责任后要聚焦问题。

领导者要主动、积极、全面、系统地思考：为什么会出现这个问题？是内部原因还是外部原因？是团队协作问题还是员工个人问题？如何才能高效地解决这个问题？领导者可以初步构思自己的想法、意见，然后号召团队成员一起进行头脑风暴，商议解决问题的方案。

三、确定最终方案

决策本身就是一种责任，所以团队商议提出各种解决方案后，领导者还要承担做出决策的责任。领导者要从团队利益出发，兼顾员工个人利益，从众多解决问题的方案中选择最优方案。

确定最终方案后，领导者还要与团队成员沟通，制订出大家都认可的行动方案，并带头行动，落实方案。

四、复盘、总结

复盘，是棋类术语，在围棋中也称"复局"，是指对局完毕后，复演该盘棋的记录，以检查对局中招法的优劣与得失关键。领导者也可以将这种方法运用到团队管理中，尤其当团队遇到问题、困境时，领导者可以带领团队成员一起复盘问题的出现以及解决的整个过程，分析优势、得失，总结经验、规律，用以指导以后的工作。

有效的复盘、总结通常包括以下四个步骤，如图 3-3 所示。

图 3-3　复盘的四个步骤

1. 回顾目标

回顾处理问题的最初目标是什么。例如，"在一周内处理这个问题"。

2. 分析结果

对最终的结果与预期结果进行比较、分析、反思，找出根本原因。

3. 总结经验

找出根本原因后进行反思。如果实现了预期结果，那么要分析、反思哪里做得比较好；如果没有实现预期结果，那么要反思哪里做得不好，如何改进。

4. 付诸实践

最后，领导者要将复盘的结果付诸实践，应用到今后的工作中。复盘、分析总结的时候要重点关注的问题是，如果经过分析得出这件事的主要责任在员工，那么也要让员工承担相应的责任，这也是对员工负责。否则，可能会让员工认为犯错误也正常，反正领导者可以担责的想法，导致今后工作中错误频出，致使团队工作效率降低。

真正意义上的担责不只是一句"导致这个问题产生的主要责任在我""没有关系，我为团队承担这个责任"，而是在承担责任的同时要让团队员工对问题有深刻的认知，能够从解决整个问题的过程中获得成长和经验，知道以后的工作要如何做。

第五节

保持集体分享：能够和团队共享资源和利益

❋

  对于高绩效团队来说，高效协作是日常工作的核心，而高效协作的重点在于资源共享。所以，优秀的领导者通常有能力构建完善的资源共享机制，与团队成员共享资源，实现资源价值最大化，从而为团队创造更多的利益。同时，领导者也要与团队成员共享大家共同创造的利益，因为与团队成员共享利益是保证团队终极利益的根本。

一、共享资源

  共享资源是指在团队内部尽可能地公开信息和知识，使团队内的资源能够得到充分全面的利用，从而提高资源的利用效率，实现资源协同效应。

  通常，领导者可以通过以下几个方式实现团队内部资源共享。

1. 建立资源共享平台

  领导者要与团队共享资源，建立资源共享平台是根本。在互联网时代，资源共享变得更加便捷、高效，领导者可以借助专业技术搭建团队的资源共享平台，也可以通过在线办公软件、邮箱、社交软件等进行资源共享。

2. 营造良好的学习讨论氛围

领导者不仅要搭建资源共享平台，还要营造良好的学习讨论氛围，鼓励大家积极地从资源平台获取知识、信息，同时分享自己的知识、技能和经验，不断为资源共享平台注入更多的资源。

3. 跨部门、跨团队沟通

不同部门、团队之间的沟通也是实现内部资源共享的一种有效的方式。所以，领导者不仅要在团队内部实现资源共享，还要积极开展同公司的跨部门、跨团队沟通，互相分享知识、信息、经验，实现资源共享。

通过资源共享，团队成员可以获得更多的信息、知识，有利于促进团队成员释放更多的潜能。同时，团队资源的共享跨越了时间和空间的障碍，能让团队成员之间的关系变得更加紧密，无形之中拉近了团队成员之间的距离。这种情况下，团队成员之间更能高效协作。所以，领导者要积极地构建全方位的资源共享机制，使得每一位团队成员都能享受到充分的资源支持。

二、共享利益

古语有云："天下熙熙，皆为利来；天下攘攘，皆为利往。"这句话大意是，天下芸芸众生都在为各自的利益而奔波。这个道理在现代社会同样适用，因为人们工作的基本需求就是满足自身的利益追求。作为团队领导者一定要明白这个道理，并懂得通过分享利益激励员工，使员工心甘情愿为团队贡献价值。

华为的员工薪酬主要包括三部分：工资、奖金和分工，其中持股分红是华为员工收入的重要部分。2023 年，华为在内部论坛心声社区上公布，2022 年度工会虚拟受限股分红预计为人民币 1.61 元 / 股，分红以后虚拟受限股价格预计为人民币 7.85 元 / 股。2023 年 1 月 16 日，多名华为内部员工证实了这个消息。内部员工对华为的此举措评论道："在艰难困苦的环境下，大家还取得了不错的成果，公司也舍得给大家分钱，可以回家过个好年。"

"舍得分线"是华为留住人才、取得非凡成绩的法宝。实际上，任何一个成功的企业都懂得与员工分享利益。这是因为领导者能够深刻认识到团队的利益和员工的利益是相互依存的，团队的利益要靠员工来实现。如果领导者眼光短浅，看不到团队的长远发展，不愿意与员工分享利益，那么员工的积极性就很难被调动起来。换句话说，领导者只有认识到员工的价值，且愿意和员工分享利益，才能推动团队的健康长久发展。

常见的分享利益的方式有以下几种。

1. 员工股份制

员工股份制是指员工通过购买公司部分股票而拥有公司部分产权并获得相应的管理权。通常，一些大企业会采取这种方式与优秀员工分享利益。

2. 绩效奖金、年终奖

除了员工股份制，绩效奖金和年终奖也是企业、团队的领导者分享利益常用的方式。

某纺织厂为了调动员工的工作积极性，提高整体的工作效益，制定了一个奖励政策：超额 20% 完成工作任务的员工将在年终获得 1 万元奖金；超额 40% 及以上的则可获得奖金 2 万元；为厂里做出重大贡献的员工，经过董事会商议，可获得 3%~10% 的原始股份。员工对此股份有自主支配权，更可以凭此分到部分红利。这一激励措施实施后，员工的积极性增强，热情高涨，很快，该厂就摆脱了巨大的经济压力，迎来了快速发展。

分享福利的方式有很多，针对不同人群可以使用不同的方式，以最大化激发团队成员的积极性。领导者可以根据团队实际情况、员工的需求等选择合适的分享福利的方式。

在任何一个团队，员工都是团队利益的真正创造者。所以领导者要想提升领导魅力，同时提升团队利益，可以采取的有效方法之一就是与团队成员分享资源和利益，用资源和利益驱动员工，让员工愿意为团队创造更多的利润。

第六节

坚守原则底线：做人做事有自己的原则

　　能够帮助领导者获得更好的发展，实现自我价值的往往不是领导者权力的大小，而是领导者做事能否坚守原则。做人做事有自己的原则是领导者应当坚守的行为准则，更是领导者的立足之本。

　　一名卓越的领导者在管理工作中应当坚守以下几个原则。

一、团队利益优先于个人利益

　　在本章第二节我们强调领导者要始终以团队利益为先，把团队利益放在个人利益前面。这是领导者塑造领导魅力的手段，更是领导者必须坚守的原则。

二、对自己和员工高标准、严要求

　　领导者在管理员工的时候要做到高标准、严要求，对待自己更应如此。对员工采取高标准、严要求，能够帮助员工获得更快的成长。同时，领导者也应严格要求自己，这样既能提升自己的能力，也能起到模范作用。

三、把员工当作"上帝"

服务行业有一句人们耳熟能详的话："顾客就是上帝。"对领导者而言，员工才是自己的"上帝"，是自己的第一个服务对象。因为员工是管理工作的核心，更是团队、组织得以发展的关键。所以，领导者在展开管理工作的过程中，要坚守员工是"上帝"的原则。这个原则并不是说领导者要对员工毕恭毕敬，而是要求领导者要从员工的角度思考问题，帮助员工成长，获得成就，实现自我价值。只有这样做，员工才能更积极地完成工作，才能服务好顾客，团队才能发展。

四、关注工作结果

任何组织经营的目的都是为了获取利润，所以领导者在管理中不仅要时刻关注员工的工作过程，更要关注员工的工作结果。领导者在开展任何一项任务前，要带领团队成员一起制定目标，并以目标为导向制订工作计划。在员工执行计划的过程中，领导者要实时追踪，确保计划落地实施，获得预期的结果。

五、提升沟通效率

无论是工作信息传达的时候出现偏差，还是员工无法有效地落实决策，从本质上说，都是无效沟通导致的。例如，领导者安排任务的时候强调 A 任务比较紧急，员工却优先处理了 B 任务，这就是沟通不畅。所以，领导者在管理工作中要重点关注沟通问题，并积极采取措施建立流畅的沟通渠道，提升沟通效率。

六、关注工作效率

"时间就是金钱"，领导者的工作效率越高，越能为团队创造价值。所以，领导者要尽可能地将复杂的问题简单化，最大化提升工作效率。

七、提升学习能力

领导力包含各个方面的能力，但其本质是学习能力。领导者只有具备强大的学习能力且持之以恒地学习，才能不断提升自己，不断强化自己的领导力。领导者不仅要学习专业知识，还应全方位地学习各种有用知识，全面提升自己。

八、学会自我反省

管理工作中难免会遇到一些难题。在遇到难题的时候，领导者应当学会自我反省，首先从自己身上找原因。这种向内思考的自我反省能力既能帮助领导者发现问题的本质，还能避免自己养成怨天尤人的习惯，给员工造成不好的影响。

九、用行动证明自己

行动往往比语言更有说服力，所以领导者不仅要说到，更要做到，用行动证明自己。用行动证明自己在实际管理工作中体现在安排任务的时候自己要先行动起来，要充分调动大家的积极性和热情，而且要善始善终，力争获取期望的结果。

除了以上几个重点原则，领导者还应从提升管理效率和团队利益的角度出发，摸索、建立并坚守更多的工作原则和底线，助力自己打造卓越的领导力，成为魅力领导者。

第七节

重视仪表仪态：时刻保持干练、精神的形象

✵

知名心理学家和传播学家艾伯特·梅拉比安（Albert Mehrabian）曾提出一条人际沟通定律——55387 定律，是指决定一个人印象的 55% 体现在外表、穿着、打扮等，38% 体现在说话时的肢体语言、语气神态等，7% 体现在谈话内容，如图 3-4 所示。

图 3-4　55387 人际沟通定律

由此可见一个人的外在形象、仪表仪态的重要性。对领导者来说更是如此，领导者魅力很大一部分体现在领导者的外在形象。换个角度说，那些能时刻保持干练、精神的形象的领导者往往时刻散发着领导魅力。所以，领导者要想提升

领导魅力，就要时刻重视自己的外在形象和仪表仪态。

一、着装

通常，领导者的着装要注意以下几点，如表 3-1 所示。

表 3-1 领导者着装注意事项表

事项	具体内容
尊重团队文化	每个团队都有自己的文化和风格，所以领导者的着装首先应尊重团队文化。例如，团队文化比较个性化，对着装没有严格要求，那么领导者可以选择休闲、舒适、得体的服装；如果团队文化比较严谨、规范，对着装有严格要求，那么领导者就要根据要求着装
注意细节	细节决定成败，服装上的任何一个细节都会影响个人形象。通常，领导者需要注意的细节包括脱线、污渍、褶皱等。同时领导者还要注意衣服的尺码，衣服尺码太大或太小都会显得不得体、不大方
选择合适的颜色	颜色是服装中很重要的一种元素，会直接对领导者的个人气质产生影响。通常，建议领导者选择优雅、沉稳、大方的颜色，例如，黑色、白色、灰色、蓝色等。这些颜色可以给人留下高贵、优雅的印象。同时，领导者还要注意颜色搭配，通常全身不要超过 3 种颜色
根据场合挑选衣服	领导者时常需要出席不同的场合，所以根据场合挑选衣服也是领导者要学会的着装艺术。通常，领导者出席一些正式的场合可以选择西装，出席一些比较轻松的场合可以选择休闲装

二、仪容

仪容主要是指人的外观、外貌，重点指人的容貌。通常，领导者需要注意以下几点，如表 3-2 所示。

表 3-2　领导者仪容注意事项表

事项	具体内容
头发	头发要勤梳洗；选择合适的发型；不宜烫染夸张的颜色，以黑色为宜
面容	勤洗脸，保持面部干净清爽；女士可化淡妆；没有特殊需求，男士不要蓄须
指甲	勤剪指甲，不留长指甲，不涂有颜色的指甲油
口腔	早晚刷牙，饭后要漱口
饰品	可佩戴饰品，但数量不宜多，款式不能太夸张

每日上班前，领导者都要认真检查自己的仪容，确保以良好的形象展示给员工和客户。

三、仪态

除了着装，领导者在工作中的仪态，即举止动作、神态、表情也都影响着其形象魅力。为了塑造更具吸引力的领导魅力，领导者在日常的工作中要注意以下几点，如表 3-3 所示。

表 3-3　领导者仪态注意事项表

事项	具体内容
面部表情	与员工、客户等交谈时面带微笑，让对方感到亲切、温暖；与人交流时不做奇怪的表情，如做鬼脸、翻白眼、撇嘴等
走路姿态	走路时昂首挺胸，向他人展示积极的精神面貌
日常举止	举止端庄、优雅、文明；遇事沉着、稳重，不手忙脚乱
待人接物	待人接物有礼貌；对人坦诚，不卑不亢，不唯唯诺诺

以上介绍的领导者在个人形象管理中需要注意的基本内容，领导者要想更具魅力，还应对自己提出更严格的要求，做到一言一行都符合领导者的身份。

领导者的外在形象、仪表仪态不是衡量领导者成功的标准，但它是一种非常直观和清楚的信号，能够更直观地传达领导个人魅力、权威感和专业形象。这样的领导者往往更容易获得员工的青睐，更容易获得成功。

第八节

重视适位管理：
道术相融，践行"中庸"之道

✳

管得过度，容易让员工产生抗拒心理；管得过松，容易让员工产生怠懈心理。这都不利于管理工作的推进。所以，好的管理行为一定是适当的、合理的。何为适当、合理的管理？中国传统文化中的道家思想和儒家思想里就藏着这个问题的答案。

中国传统文化博大精深，尤其是道家思想中的"道术"和儒家思想中的"中庸"思想，至今仍影响着我们的思考和行为模式。这两种思想同样可以运用到领导者的管理工作中，帮助领导者更适当、更合理地管理员工，提升管理效率。

一、道术相融

《道德经》洋洋洒洒五千余言，深入阐述了"道"和"术"的概念。"道"，指的是万事万物运行的规律，是客观存在的；"术"，指的是实现事物发展的手段和方式方法。引申开来，"道"可以解释为宏观战略，"术"可以解释为技术技能。对于"道"与"术"的关系，老子用"有道无术，术尚可求也；有术无道，止于术"来总结。这句话的意思是，道德高尚和修养良好的人，即使没有术法计谋，还可以通过学习获得；但是如果只有术法计谋而没有道德，那么只能止步于当前的成就了。这句话同样适用于领导者，所以卓越的领导者通常是懂得道术相融的人。他们用"道"解决认知问题，构建自身以及团队成员的行为体系和方向原则，用"术"帮助自己有效地管理团队，获得期望的结果。

在实际的管理工作中，"道术相融"的管理行为主要表现为"温和却不失严肃，威严却不凶猛，恭谨却又祥和"的境界。领导者要想达到这个境界，在管理工作中就要注意以下三点。

1. 不妄为

管理上的不妄为主要表现为尊重管理的历史和现状，不盲目地进行组织管理革命，不急于求成。

首先，尊重管理的历史和现状。黑格尔曾提出"存在即合理"的思想，组织管理的历史和现状有其存在的原因和道理，因此领导者必须尊重历史和现状。

其次，不盲目地进行组织革命。因为治理一个组织，频繁地进行管理变革会使员工无所适从，所以领导者不能轻易变革。换个角度讲，管理创新要在继承和学习的基础上创新，管

理改进要在保持相对稳定的基础上进行。

最后，不急于求成。任何组织的发展都有一个由小到大的过程，管理有一个由混乱到规范的过程，因此领导者不能急于求成，而应当实行渐进式的管理改进。同时，领导者要正确处理管理的悖论，要把握管理的灵活度和灰度，在矛盾中取得平衡，在平衡中求发展。

2. 有所为，有所不为

组织在发展过程中，资源总是有限的，因此有些事"当为"，有些事"当不为"，这就要求领导者要学会抓核心，做减法，要集中有限的资源去做最有价值的事情，提高团队核心竞争力。同时，领导者还要学会找到管理的主要矛盾和解决矛盾的主要方法，对没有竞争优势的领域做减法，不求所有，但求所用，有所不为才能有所为。

3. "道常无为，而无不为"

顺应规律的管理才能使万事万物按照规律运行，所以无为无不为是"无为而治"的至高境界，也是管理的理想状态。

从本质上讲，如果领导者能够建立一种道术统一的行为认知体系，以道引术的行为结合模式，那么就能形成和谐、统一的管理行为，能够有效提升管理效率。

二、践行 "中庸之道"

儒家思想中的 "中庸" 是指为人居于中正之道，不偏不斜，以自然的纯正人性提高自身修养、对待万事万物，实现万物的和谐统一。管理中的 "中庸" 不是折中，也不是调和主义。折中是无原则地把对立的双方结合起来。调和主义则是无视矛盾双方的差异和对立，追求无差别的统一。真正的中庸之道并非如此，它不是无原则地将双方拼凑、结合在一起，而是以承认对立并保持对立为前提。这也是很多领导者追求的高境界。要达到这个理想境界，在实践中庸之道时，领导者应当做到以下几点。

1. 诚恳待人

从本质上讲，中庸之道的核心思想是 "诚"。在组织的管理过程中，"诚" 的含义就是言行一致、以行至成、以诚为本。

2. 敬畏之心

中庸之道要求领导者一定要有一颗敬畏之心，敬畏的主体则是事物的客观规律。组织的领导者一定要学会从客观规律出发，不违背自然和社会法则，在企业发展过程中要注意社会、自然和人的和谐发展。

3. 全局思维

中庸之道的管理思想要求领导者考虑问题时要有全局思维，要综合考虑各方面的问题，不能总是用自以为是的理性分析面对现实问题，也不能总用自己的惯性思维解决问题。因为这种单一、片面的思维方式容易导致管理上的偏差。

4. 人性化管理

领导者做决策要从人性的特点出发，要懂得与员工的相处之道，最重要的是对待团队成员要有法度更有温度，要多了解团队成员工作和生活背后的故事。而且对团队成员要多沟通教育，少用制度惩罚，在处理组织事务和成员问题时能够真正理解中庸之道的管理含义。

领导者在管理中学习应用中庸之道的目的是为了"和"，从而达到中国式管理的最高境界。和之道，是组织、成员、环境、自然达到和谐统一的境界。组织的管理逻辑一定要与势和、与政和。势是指组织全局发展和运动的趋向，以及由这个趋向所产生的影响力。领导者此时要认清形势，适应形势，趁势而上，这种审时度势的能力是领导者应当具备的基本能力。政就是国家的政令和法规，组织的领导者一定要守法经营，这是组织"和"的根本。此外，组织发展一定要与社会的价值取向相吻合。中国的组织管理无论是大组织层面还是小单元层面的价值取向都应该是义利统一的"和为贵"，是一个复合的价值系统。履行责任，坚守道义，树立正确的价值观，是组织最主要的核心竞争力。

　　总而言之，组织发展一定要讲究和之道，要积极构建和谐的人际关系，实现组织、成员、环境、自然的和谐统一，促进组织稳定、健康地发展。

第 **4** 章

修炼口才：善讲动人故事的领导

领导力的本质是动员员工行动起来，解决问题，出色地完成工作任务。讲好故事就能起到这样的作用，因为员工更容易被情感打动，更容易被故事中的人物鼓舞，愿意改变自己，行动起来。所以，一个卓越的领导者必须是善于讲故事的高手。

第一节

创建链接：讲故事也是一种领导力

✿

华为创始人任正非曾说，"讲故事也是一种领导力，好故事胜过百万雄师"，苹果公司的创始人史蒂夫·乔布斯 (Steve Jobs) 和知名社交网站脸书（现称"元宇宙"）的创始人马克·扎克伯格（Mark Zuckerberg）也是讲故事高手。纵观这些卓越领导者所讲的故事对员工和企业产生的作用，我们能直观地感受到，会讲故事也是一种领导力，且这种领导力的作用巨大。

一些管理者可能会存在这样的疑惑："我也经常给团队成员讲故事，但他们只是哄堂大笑或者感慨故事的结局，并没有因此有所改变和行动"。之所以会出现这样的情况，是因为管理者只是为了讲故事而讲故事，并没有创建链接，将故事与团队成员链接起来。

卓越的领导者讲故事时一定会创建链接，他们会用故事将自己与员工链接起来，将员工与员工链接起来，将员工与企业链接起来，将合作方与企业链接起来，将客户与企业链接起来……只有这样，故事才能发挥作用，领导力才能得以提升。

在具体的工作中，卓越领导者通过讲故事展示的领导力

主要体现在以下几个方面，如图 4-1 所示。

● 激励员工

● 招商融资

● 传播企业文化

图 4-1　讲故事展示的领导力

一、激励员工

　　激励员工的方式有很多种，如奖金、晋升、涨薪等，这些都属于外在的物质激励，能对员工产生外在驱动力，从而激励员工行动起来。相比外在驱动力，讲故事这种能产生内在驱动力的方式更能激励员工，让员工能够发自内心地改变、行动，不断成长，提升自己。

　　某企业创立初期，创始人为了鼓励大家安心留下来做事，讲了这样一个故事。

　　国际知名投资人、软银集团创始人孙正义曾讲过一个真实的故事。当年软银集团刚刚成立，有一位员工得到了一些股权奖励，但这位员工并没有因此高兴，反而抱怨道"这一点股权算什么，还不如多给我一点工资。"

该员工拿到了股权，但并没有当回事。一年半后，软银集团上市了，"这一点股票"价值达到 100 多万美元，最后涨到了 200 多万美元。当时在软银集团内部，还有获得股权比这位员工股权多很多的员工，有的甚至因此成了拥有千万美元的富翁。很多员工认为这是自己的运气所致，所以并没有因此更加努力工作，甚至选择离开软银，自己去创业。

在这段时间，软银的整个团队士气低迷，公司股票价格也受到影响。但据软银内部人员统计，离开的人中后来并没有取得很大成就的，他们的钱来得快去得也快。相反，留在软银继续为公司创造价值的人，获得的报酬越来越多。慢慢地，团队氛围越来越好，软银的股票价格也越来越坚挺。这种情况下，员工的付出与软银的发展就形成了正向循环，员工付出越来越多，软银股票越来越坚挺，员工因此能获得更多，更愿意为软银贡献自身的价值。

讲故事的本质是让员工通过故事思考，从而获得新的认知。软银集团创始人讲的这个故事就是为了让员工认识到在企业中学会坚守的重要性，从而激励员工为企业创造价值。

人人都喜欢听故事，而不是讲道理，尤其是员工，他们往往不喜欢领导者跟他们讲道理，对他们进行说教。所以，卓越的领导者都善于将"道理"放在故事中，用故事链接员工，激励员工。

二、招商融资

会讲故事对企业招商融资十分重要。企业能不能成功拿到融资，关键看企业家、企业领导者怎么向投资方展示自己的项目，讲好关于项目的故事。通过故事，投资方能洞察很多东西，这些东西能够帮助他们做出投资与否的决策。例如，投资方往往会基于招商方的故事逻辑洞察对方的组织能力，这种能力体现了组织未来发展趋势，可以帮助投资者看到企业的未来，从而做出是否投资该企业的决策。

某知识付费平台的创始人在一场招商融资的路演中讲了一个有关自己的故事。

因为母亲体弱多病，父亲收入也不高，家里一直很贫困，所以我从小就买不起自己想看的书。由此我萌生了一个想法，希望长大后可以凭借自己的力量，依靠互联网技术，让所有人都能看得起书……所以现在我创立了"共享图书"项目。在共享图书平台，用户每天只要支付 0.15 元的费用，就能从平台上租到自己喜欢的书籍……

就是这样一个励志的成长故事打动了现场的很多人，甚至有两家风投公司直接向这位创始人抛出了橄榄枝。

招商融资是一件严肃、严谨的事情，投资人也非常理性，但投资人也有感性的一面。很多时候，比起"共享读书"这个项目的商业价值，投资人更容易被招商演说中的故事打动。所以，卓越的领导者都会在项目招商前准备一个精彩、动人的故事，从而提升招商融资的成功率。

三、传播企业文化

讲故事是传播企业文化，增强团队凝聚力，让企业价值深入人心的有效手段之一。事实上，企业文化就是对组织在过往的过程中各种行为规范的总结，当总结的结论得到了所有组织成员的认可时，就会对组织成员产生一种非常强烈的凝聚力和向心力。所以，如果领导者能够把故事讲好，那么就可以传播组织文化，并通过组织文化对组织成员产生影响力。

华为创始人任正非就是一个非常擅长用故事传递企业价值观的领导者。任正非曾给华为的员工讲了一个非洲大草原"尖毛草"的故事。

"尖毛草"是非洲大草原上的一种奇特植物，在它生长初期的 6 个月里，露出地面的高度一直保持在 1 寸左右。无论身边的野草如何疯长，"尖毛草"的长势依然不紧不慢。从这种趋势看，它就像停止了生长。然而等到这一年的雨季，"尖毛草"就像被唤醒了一样拔地而起，疯狂生长。这时的"尖毛草"基本可以在一天内长高 0.5 米。只需短短几天，"尖毛草"就能超越其他野草，成为草中的"精英"。

为什么"尖毛草"有如此强悍的爆发力呢？

主要原因是在雨季来临前的这段时间，"尖毛草"并没有停止努力。其他野草疯狂生长的时候，"尖毛草"在默默地经营着自己的根系，不断从土壤深处吸取水分，为后面的生长储备资源。

任正非是想通过"尖毛草"的"倒生长模式"折射出对企业成长的看法，华为自主研发麒麟芯片的历程就是这种"倒生长模式"。华为的生长模式与尖毛草一样，聚焦、坚韧、沉浸、内敛，这也是华为的核心文化。这种文化的力量能驱动员工抵住诱惑、稳打基础、积蓄力量，从而在机会来临时能顺势而为，获得爆发性的成长，实现企业和员工的双赢。

故事的影响力或许远超我们的想象，能帮助领导者更轻松、高效地完成工作任务。所以，领导者要修炼口才，不断地提升自己讲故事的能力，并用这种力量去影响身边的每一位人，最终成就自己的事业。

第二节

输入指令：好故事的三个维度

领导者不仅要会讲故事，还要能讲好故事。通常，一个好故事会涉及以下三个维度，如图 4-2 所示。

图 4-2　好故事的三个维度

一、形象、具体

越形象具体的东西越容易打动人，故事更是如此。为什么这么说呢？

例如，有人说山区的小孩比较贫困，希望我们可以捐点钱帮助他们。或许这句话能触动我们，激发我们善意的行动，但这种推动力还不够，因为我们并不知道山区的小孩究竟有多贫困。如果我们在公益组织的宣传片中看到山区的小孩的生活环境，了解他们的教育资源匮乏、饮食单一、衣服破旧……这些形象具体的东西能让我们更直观地都看到山区小孩的"贫困"状态，从而让我们更容易产生共情，更容易行动起来，为山区的小孩贡献自己微弱的力量。

所以，领导者不要讲空洞、虚无的故事，要讲形象、具体的故事。具体来说，领导者在讲故事的时候可以运用以下几个技巧。

1. 尽可能使用具体的数据，让听众感到故事的真实性

例如，团队取得了突破性的成就，该季度销售收入达6000亿元，净利润环比增长 8.7%，同比增长 18.39%。

2. 描述故事的细节

例如，将"某员工工作很努力"描述为"某员工对某项目投入了很多心血，为了促进该项目顺利地推进，某员工翻阅了多少（具体数据）资料，拜访了多少（具体数据）客户……"

3. 善用辅助工具

这里的辅助工具是指视频、图片、文字、录音等，这些工具能让故事更加形象、具体。例如，领导者在招商融资中

讲到企业的一些成就、战绩时可以出示相关的图片、视频、证书等。

有信服力的故事才能吸引、打动听众，而故事要具备信服力，首先一定要形象、具体。所以，领导者在讲述故事时要学会运用数据、处理好故事的细节，并适当运用辅助工具。

二、距离听众很近

著名心理学家霍华德·加德纳（Howard Gardner）曾说："领导者讲述的故事中要有一面镜子，使得听众可以与之认同。"这句话强调的其实就是故事与听众之间的距离。只有当故事距离听众很近时，听众才能从故事中看到自己，才更容易被故事打动，并产生认同。

为什么这么说呢？我们分别看看下面两个故事。

故事一：

一个推销员在纽约街头推销气球。生意不好的时候，他就会放出一个气球，每次放的颜色不一样，红的、黄的、绿的……当气球在空气中飘浮时就会有一群顾客围上来，顿时他的生意又好了。这时，一个小男孩拉了一下销售员的衣角，有些不解地问："先生，如果你放的是黑色的气球，它也会飞上天空吗？"销售员回答道："孩子，是气球内的东西使气球飞上天空，跟气球是什么颜色没有关系。人也一样，我们不要过度关心外在的东西，而要更关注内在的东西。"

故事二：

我们项目部门的张强为了顺利地推进某项目，达到项目目标，非常刻苦地研究项目方案、制订项目计划。在这个过程中，他查找了很多相关资料，而且还专门针对该项目自费上了一些专业课程。这是一个小项目，如果项目能够顺利完成，张强个人能拿到的奖金并不高，似乎跟他的投入不成正比。对此，张强的解释是："相比奖金，我更看重的是我能从这个项目中学到什么，我更关注个人成长。个人能力提升了，以后自然可以获得更高的薪酬、奖金。"

这两个故事都是在强调要更关注内在的成长，哪个故事更能打动听众呢？一般情况下，听众更容易被第二个故事打动，因为第二个故事距离自己很近，发生在自己身边。这种故事更真实、更能让听众产生信任，从而更能对听众产生影响。

所以，领导者在讲故事时要尽可能选择离听众较近的故事，让听众可以在故事中看到自己，从而对故事传达的内容产生认同感。

三、逻辑成立

一个好故事要做到逻辑成立。逻辑成立是指故事的表述合理、有条理。通常，故事的逻辑性体现在以下两个方面，如图 4-3 所示。

故事目的和逻辑性
指领导者所讲的故事跟
所要达到的目的匹配

故事本身的逻辑性
故事本身要条理清晰，
遵循一定的逻辑

图 4-3 逻辑成立的两个方面

1. 故事本身的逻辑性

故事本身要条理清晰，遵循一定的逻辑。例如，"刘敏是一位非常努力的员工，为团队贡献了很多，但非常可惜的是这次绩效结果不是很理想。即便如此，我还是希望大家向刘敏学习。同时，也希望刘敏能够继续努力……"这个故事本身没有逻辑性，或者说逻辑比较混乱，容易使听众理解困难，不知道领导究竟是要批评刘敏还是奖励刘敏。有逻辑性的故事应当是："虽然刘敏这次的绩效结果不是很理想，但是刘敏的努力和付出大家都看得见。希望刘敏可以再接再厉，争取下次创造更好的绩效结果……"这样的表达更加清晰。

2. 故事目的的逻辑性

领导者讲任何一个故事都是为了达到一定的目的。例如激励员工、宣传企业文化等。故事目的的逻辑性是指领导者所讲的故事跟所要达到的目的能够匹配。例如，领导者要让员工知道企业为什么要变革，于是讲了海尔创始人张瑞敏"砸冰箱"的故事——因为冰箱质量很差，所以砸掉冰箱，实现变革。这个故事就与领导者讲故事的目的相匹配，故逻辑成立。

道理、目的都藏在故事中，所以领导者要有逻辑地讲好每一个故事，清晰地将道理表达清楚，从而达到自己的目的。

形象、具体，距离听众很近，逻辑成立并不是评价一个故事好坏的全部标准，但能够确定的是，任何一个好故事都具备这三个元素。

第三节

精炼素材：不是每个故事都适合领导讲
✸

领导者讲故事的主要目的是拉近与员工之间的距离，建立与员工之间的信任关系，或者通过故事让员工获得知识、教育、成长和激励。这就意味着不是每个故事都适合领导者讲。换个角度说，领导者要根据自己的目的精炼故事素材，讲该讲的，能给听众带来影响和价值的故事。

通常，领导者可以围绕以下两个方向精炼故事素材。

一、个人故事：拉近距离，建立情感链接

员工与领导者的距离越近，情感链接越紧密，越利于领导者开展管理工作。所以，领导者在筛选素材的时候，可以选择一些自己经历过的事，例如，个人成长历史、个人工作故事或个人遇到的一些有趣的事情。

二、团队故事：建立团队信任，提升凝聚力和向心力

领导者要能够建立团队信任，提升团队凝聚力和向心力，发挥团队合力。为此，领导者可以从团队的角度精练故事素材。通常，团队故事素材主要包括团队的使命、愿景、价值观。

1. 使命故事

使命对团队发展的意义重大，能够让团队的每一位成员明白团队以及每一个人存在的意义，从而促进他们为实现这个使命贡献自己的价值。例如，一些企业领导者经常会讲通用电气公司的使命故事，然后引入自己团队的使命。

通用电气公司创建的时候，托马斯·爱迪生（Thomas Edison）已经发明了电灯泡，但那个时候的电灯泡只能亮两三分钟。于是，通用电气将企业的使命确定为"让天下亮起来"。每个进入通用电气的人，从老板到员工，都认同这个使命，并为此感到自豪，都希望努力达成使命。就这样，通用的使命很快就达成了。

每个企业、团队都有自己的使命，领导者要做的不仅是找到大家的使命，更要通过故事告诉员工团队使命的内涵是什么，能够带来什么样的价值，从而激励团队全体成员为使命而奋斗。

2. 愿景故事

愿景就是团队要去向哪里，要发展成什么样子。领导者跟员工讲团队的愿景故事，能够凝聚团队力量，激励员工奋勇向前。

我还清楚地记得当年自己从上一家公司"跳槽"到现在的公司的场景。当时，我现在就职的公司的董事长找我谈话，聊到公司未来的宏观发展愿景。其中很打动我的一点是，我们的教育机构想要成立自己的大学。由于我从小在大学校园环境下长大，所以对于从事教育行业一直有着深深的夙愿，因此这个愿景让我愿意加入公司，并且愿意积极为实现这个愿景去奋斗。20 年后，我们终于启动了申办学院的工作。其实，从我个人的角度看，无论未来的学院是否能够申办成功，这个愿景都会一直推动我，促进我不断努力工作，继续为实现这个美好愿景奉献自己的力量。而且我坚信，只要有恒心和定力去做一件事，我们一定能取得自己期望的结果。

这是我们自己的愿景，我的领导者经常围绕这个愿景讲故事，目的是让组织的每一个人知道，我们要做的不仅仅是完成某个项目和研发产品，还要致力于构建我们所期待的以教育为主体的职业平台，为组织的每个人，为全社会贡献企业的力量和价值。这种愿景将给员工带来巨大的推动力，让他们向美好的未来迈进。

3. 价值观故事

价值观是团队成员做事的方法、标准，没有做事的方法、标准，团队成员的行为将很难形成规范，团队的发展也就无从谈起。

2018年，格力电器公司董事长董明珠曾在公司的干部会议上发表讲话，她提到，一个企业发展必须要有精神，没有精神，逐利而行，是不可能长久的，集体共赢才是我们的梦想。格力未来的发展，不再是一个简单的多少千亿的目标，而是希望通过这个目标的实现让大家更加幸福美满，在精神上有收获，在物质上有收获，这就是我们的价值观。在未来五年中，要树立格力的价值观，更加坚定斗志，这也是格力的精神。

围绕价值观讲故事，能够给格力人带来归属感，能凝聚团队力量。

卓越的领导者从不乱讲故事，他们会精炼素材，根据自己的目的、听众以及场合选择合适的故事，发挥每一个故事的作用。换个角度说，领导者讲的每一个故事都必须要为员工、团队带来积极的影响和价值。

第四节

个人故事：讲好"我是谁"

※

　　对于领导者来说，首先要讲好个人故事，即要通过故事向团队成员清楚地传达"我是谁""我为什么会来到这里"。向团队交代清楚个人的相关信息，能够拉近与团队成员之间的距离，提高领导者的个人魅力，吸引追随者，利于领导者高效地开展管理工作。

一、"我的过去"、"我的现在"和"我的未来"

　　一个完整的、能够真实地展示领导个人魅力的故事包括"我的过去"、"我的现在"和"我的未来"。

1. "我的过去"

　　卓越的领导者通常热衷向员工分享自己的过去，因为那是塑造领导者职业生涯、获得成功的关键要素。对于员工来说，他们只有了解、理解领导者的过去，才更能理解领导者现在的所作所为，理解领导者所做的决策。

2."我的现在"

这部分内容主要阐述领导者从过去到现在的改变，以及现阶段所获得的成就。例如，"后来我开始不断钻研……所以，今天我才能担任这个职位，才能收获现在的成就……"这部分内容能够展示领导者的个人魅力，吸引员工追随自己。

3."我的未来"

这部分内容主要阐述领导者的个人愿景和团队愿景，通过愿景让员工看到美好的未来，激励员工努力工作。

二、"我跟你一样""我也犯过这样的错误"

关于"我是谁"的个人故事，有些领导者可能会存在一个认知误区，他们往往只热衷于分享自己的辉煌历史、突出的战绩、丰厚的收入等。这些虽然是"个人故事"中不可分割且比较重要的一部分，但是如果领导者只突出这些内容，很容易让员工认为领导者只会吹嘘自己的光荣史，使员工产生一定的距离感，甚至有些员工会产生抵触心理。所以，领导者讲个人故事的时候，不仅要讲自己的成功，还要讲自己的平凡，遇到的坎坷、阻碍，遭遇的失败。这样的"个人故事"才更真实，更容易打动员工。

1. "我跟你一样"

在员工看来，身居高位的领导者跟他们有很多不同，这也是导致他们不敢靠近领导者，不愿跟领导者主动、深入沟通的关键原因。正因如此，领导者要通过个人故事让员工知道"我跟你一样"，以拉近与员工之间的距离，与员工在情感上建立联系和认同。

章慧被调到某食品公司的产品研发部担任总监，上任第一天，她在员工大会上正式亮相，并决定通过讲讲自己的个人故事破冰。

章慧说道："刚开始进入这个行业的时候，我还是一名普通的员工，对食品研发的很多东西的了解并不深入，更不知道如何才能做出更符合市场需求的产品。正因如此，研发的很多产品被否定，市场反响也非常不好，我自己备受打击，甚至一度怀疑自己不适合这份工作。后来，我开始一边做好手头的工作，一边努力学习相关知识，同时还会了解市场动态，慢慢地，我的工作越来越得心应手，职位也开始一步步提升……"

章慧通过自己的故事向员工展示了"我跟你一样"，最开始也是普通员工。这样就可以把自己"去神化"，同时也更能展示自己的个人魅力，吸引员工的追随。

2. "我也犯过这样的错误"

社会心理学中有一个重要的概念叫"同类意识"，是指认知他人行为与自己相类似，因而形成的人与人之间的相互理解、认同。尤其是在他人与自己犯过同样的错误时，更容易激发"同类意识"。所以，如果领导者通过个人故事告知员工"我也犯过这样的错误"，那么将很容易激起员工的"同类意识"。这种"同类意识"不仅可以拉近领导者与员工之间的距离，还能对员工起到激励作用。

事实上，在我的职业生涯中，很多次我会当众向我的客户、同事或员工检讨自己所犯的错误。

我跟你们很多人一样，刚开始进入职场也犯过很多类似的错误，例如，习惯性拖延。慢慢地，我开始意识到，拖延症不仅降低了我的工作效率和工作质量，还容易导致我产生严重的焦虑心理。当我有这个意识的时候，就开始努力寻找办法解决这个问题。我会针对不同的项目制订详细的计划，并会将具体事项细分到每一天甚至每小时。一段时间后，我养成了良好的工作习惯，拖延症也就自然改掉了。

这样检讨行为能够产生一种积极的作用，他们不再认为犯错误是一种绝对不可原谅的事，反而会努力地减少犯错误的可能性，同时积极地帮助其他的同事避免犯错。从管理的行为效果来说，自我分析检讨产生的积极促进效益，能够使得组织里面每一个成员相互理解，彼此包容性更强，从而帮助组织朝着更好的方向发展。

三、"我为什么来这儿"

"我为什么来这儿"是领导者的个人故事中的重要内容，这部分故事其实就是在向员工传达领导者的个人使命。

我认为这里是一个具有挑战性、有意义且充满机会的地方。在我看来，我们团队有很多优势，例如……希望在大家的努力下，能将我们这支团队打造成一支高绩效团队，能够实现团队以及个人的绩效倍增。

领导者的个人使命故事既属于领导者个人，是领导者想做的事，是领导者的目标，也属于员工，因为领导者的个人使命往往不是领导者个人能完成的，需要与团队成员共同完成。正因如此，领导者的个人使命对员工会产生一定的影响，能够对员工产生吸引力的个人使命将会对员工产生较大的激励作用。所以，领导者要重点讲好"我为什么来这儿"。

四、"我的价值观是什么"

领导者不仅要向员工传递个人使命，还要告诉员工你的价值观是什么，让员工更信任你有能力完成这个使命。

万科企业股份有限公司创始人王石始终秉持的个人价值观是"不行贿"，一些员工不相信，于是王石向员工讲了这样一个故事。

王石年轻的时候做饲料生意，顾客购买饲料后，他们需要用火车将饲料运输送到顾客手中。但是当时的火车并没有完全开放给民营企业，要运输饲料到一些地方需要特批的火车车皮。当时火车车皮十分紧张，王石只得拿着礼物去找调度主任，但是被一次又一次拒之门外，礼物也被退了回来。被拒绝无数次后，王石再一次拎着礼物站在主任办公室的门口敲门。虽然王石并不抱太大希望，但是事情就在这个时候迎来了转机。

王石进门后跟主任说："我想要一两个车皮拉货。"

主任说："我坚决不收礼物，但是车皮可以给你，不是一两个，而是10个。"

王石感到疑惑不解，主任说："我之前看到过你和工人一起扛麻袋，这让我感觉你是一个非常靠谱的人，我非常认可你，愿意帮助你，而且我相信你将来也一定会有很大的成就。"

王石带着自己的礼物开心地离开了，回去之后他下定决心，以后再也不干送礼物、攀关系的事情。他说，他通过这件事想明白了一个道理：只要你踏踏实实做人，还是有人愿意帮助你的。

王石用自己亲身经历的故事传递了个人的价值观，这样做能让员工更深入地认识领导是一个怎样的人，进而能增强员工对领导的信任感。从某种程度上说，领导者的个人价值观故事比个人使命故事更重要，因为使命可能会变，但领导者的个人价值基本不会变，所以会成为员工追随领导者的重要理由。

2022年我办理了退休手续，虽然我的角色变了，但是我依然为企业负责原来的工作，依旧承担着许多责任。我的同事经常就"我为什么退休了还继续为企业工作"这个问题和我展开探讨。我告诉他们，我这样做是因为在这里我还能继续实现我的价值。这是我的想法，也是我不变的价值观。这种价值观让我的员工和我的同事对职业价值观的理解和认识上升了一个台阶，会更认真地对待自己的工作。我所做的并非一件多么高尚的事情，但当我发现他们对我感到认同、敬佩，并愿意向我学习时，我知道这是一件正确且意义重大的事情。

所以，领导者在个人故事中一定不能忽视个人价值观这部分内容。

领导者讲好"我是谁"的故事，其实就是要向听众展示与领导者相关的事情，从而拉近与员工的距离，建立信任关系，这是领导者开展管理工作的基础和前提。

第五节

团队故事：讲好"我们是谁"

❋

领导者除了要生动地讲述"我是谁"的故事，形成与员工之间的情感链接，还要善于讲述"我们是谁"的故事来告诉团队成员以及目标客户，在这里工作的是一群怎样的人，他们将做出何种贡献。

一、对内讲好"我们是谁"：整合团队员工的价值观，形成共同的信念

讲好我们是谁的故事，就是让团队成员知道我们是一个整体，有问题大家一起努力解决，有利益好处大家一起分享，通过共同目标、共同利益提高团队的凝聚力。

星巴克咖啡公司的创始人霍华德·舒尔茨（Howard Schultz）一直在团队中强调，星巴克不是卖咖啡的，而是做事情的，是在人与人之间建立联系的。为了强调这一点，他跟员工讲了这样一个故事。

一位女咖啡师每天都能看见同一位女顾客，慢慢地，她们越来越熟悉，还成了非常好的朋友。某天，她留意到那位

女顾客的气色不好，于是上前询问："你看上去气色不是很好，是不是哪里不舒服？"

顾客面色凝重地回答："如果我不做肾脏移植手术的话，我的生命很快就会走到终点。"

神奇的事情发生了，这位咖啡师的肾脏正好与顾客的相匹配，于是咖啡师决定移植一个肾脏给这位顾客。

后来，我专程去探望了这位咖啡师，我惊叹地说："你是多么了不起的人！我从来没有听说过这样的故事。"

事后，舒尔茨表示，确实还有很多其他伟大的公司有很多令人惊叹的企业文化，但像这样的并不多见。虽然一方面舒尔茨表示"没有听说过这样的故事"，但另一方面似乎又在传递"在我们星巴克发生这样的事情是顺理成章的"，因为这就是星巴克的价值观，我们就是这样一群人。

舒尔茨通过这个故事让员工直观地看见星巴克的价值观，让员工知道自己是其中的一员，并且会用这个共同的价值观要求自己。

其实每个人都害怕孤独和寂寞，希望自己能属于某个或多个群体，这种感觉在心理学层面叫群体归属感。当领导者对内经常用"我们"，讲好我们的故事时，就能够满足团队成员的归属感，让员工就可以从中得到温暖，减少孤独寂寞感，从而提高团队向心力和凝聚力。

二、对外讲好"我们是谁":增强信任感,宣传企业形象

领导者不仅要善于对内部成员讲好"我们是谁"的故事,还要善于对外部的客户、合作伙伴等讲好"我们是谁"的故事,以增强客户信任感,宣传企业形象。

全球领先的家居建材用品零售商家得宝(Home Depoe)[①]店里曾发生过这样一件事。

一天,一位顾客走进家得宝,想购买一个水龙头,价格大概 200 美元。

接待顾客的员工问:"先生,你为什么选择了这款水龙头?"

顾客说:"因为家里的水龙头坏了,需要换一个新的。"

员工又接着问:"先生,那能问一下您家的水龙头具体是什么地方坏了吗?"

顾客告诉销售员水龙头具体哪个地方坏了。

员工了解具体情况后说:"先生,您不用花 200 美元买新的水龙头,只需要花 2 美元买一个配件,我可以帮您修好。"

最终,顾客只花费 2 美元买了一个配件,该员工上门为其修好了水龙头。

这个故事后来传到了家得宝创始人伯尼·马库斯(Bernie Marcus)那里,并且还有人跟他说:"你们公司可能办不了多

---

① 美国第一大家居建材用品零售商。

久就要关门。"

伯尼·马库斯非常惊讶，忙问发生了什么事情。

那个人说："我有一个朋友去家得宝买东西，你们的店员放着 200 美元的生意不做，而选择了做 2 美元的生意。你们这样做生意不是迟早有一天会关门大吉吗？"

在我的职业生涯中，我所带领的团队做了很多这种放弃 200 美元而做 2 美元生意的项目。事实上我们会发现，客户会因为你选择了一个对他更适合的，而不是很昂贵的服务而对你充满信任。这种信任使得我们在业务关系上能够达到更高层级。从长远的角度来讲，这样的层级关系能构建一个完美的组织形象，这种形象对组织的业务发展有很大的帮助。

所以，领导者可以多对外讲讲"我们是谁"的故事，这些故事可以讲给客户、合作伙伴听，让他们知道组织有一群怎样的人，他们的价值观是什么，他们的共同信念是什么，能够给他人带来哪些利益。这样的故事不仅能让激发员工的使命感，增强员工的责任感，还能增强客户、合作伙伴等人的信任感，提高客户满意度。

讲好"我们是谁"的故事是团队建设中的一个重要内容，因为对于领导者而言，人们更看重的不是领导者本人有哪些优势，而是其能否打造一支优秀的团队。所以，无论是对内还是对外，领导者都要讲好"我们是谁"的故事。

第六节

愿景故事：讲好"我们要成为谁"

❋

领导者要讲好"我是谁""我们是谁"的故事，更要向员工讲好"我们要成为谁"的愿景故事，通过故事统一团队目标，让员工看到未来，激发员工的动力，促进团队成员实现愿景目标。

马丁·路德·金（Martin Luther King, Jr）有一个非常知名的演讲——《我有一个梦想》，下面为部分节选内容。

我有一个梦想，有一天，在佐治亚州的红色山丘上，曾经的奴隶的儿子和曾经的奴隶主的儿子，可以并肩坐在桌旁，如同兄弟……

我有一个梦想，有一天，我的四个小孩会生活在这样一个国家，他们所受到的评价不是基于他们皮肤的颜色，而是他们品性的内涵……

怀着这样的信念，我们能够一起工作，一起祈祷，一起奋斗……一起为自由挺身而出，直到我们终将有一天会获得自由。

马丁用事故讲述了人们的共同愿景"种族平等"，这种方式更能带给人们力量，让人们能够团结起来，实现共同愿景。

同样，企业、团队中，领导者也要善于用故事传达愿景，凝聚团队力量，实现共同目标。

某小型初创公司的首席执行官描绘团队愿景时，讲到了知名画家凡·高的故事。他告诉员工，团队的成员跟凡·高的形象很契合，他们是一群为事业执着的艺术家。他们愿意为工作毫无保留地奉献自己……未来，公司的愿景是成为能为人们创造价值，带来美好生活的生活艺术家……

这个故事让员工真切地感受到原本抽象的愿景，因此深深打动了他们，让愿意为团队付出，实现共同的愿景目标。

好的愿景故事总是能够激发员工对未来的憧憬，帮助员工克服当下的挫折和困难，让员工能够振作起来，勇往直前。

领导者在讲述愿景故事时要注意以下几点。

1. 将团队愿景与员工联系起来

团队成员最想听的是团队愿景能给他们带来什么好处，所以领导者讲故事时一定要将愿景故事与员工联系起来。

2. 描述细节，突出真实性

在愿景故事里，领导者要将团队的点点滴滴描绘到一起，要描述细节，这样才真实可信。

领导者要想最大化地影响员工，就应该给员工讲"我们是谁"的愿景故事，让员工感受到自己不只是在做一份挣钱的工作，而是一份真正有意义，能为社会带来价值的工作。

第七节

变革故事：讲好"我们为什么要做出改变"

变革是指企业、团队领导者主动对企业、团队原有的状态进行改变，以适应企业、团队内外环境的变化，并以某一目标或某一愿景为取向的一系列活动。实际上，变革是任何一家企业、团队都必须做的事情，没有哪一个组织架构、业务范畴是一成不变的。企业、团队要适应这个时代的发展就要进行变革。变革的本质是破旧立新，在这个过程中自然会面临推动力与制约力相互交错、混合的状态。对于领导者来说，变革中的关键任务是采取措施改变这两种力量的对比，促进变革顺利地进行。

然而世界级领先的全球管理咨询公司麦肯锡调查显示，只有三分之一的组织变革是成功的。组织变革的目的是企业未来更好的发展，为什么这样一个美好的初衷却常常遭受失败呢？事实上，导致组织变革失败的因素有很多，但较为关键的因素是领导者不会讲故事。

2022年，我所在的企业发生了一些重大的变革。无论是组织属性还是股权结构都发生了巨大变化，这个时候摆在我们面前的难题是如何构建新的业务体系和组织架构，但更难的问题是如何让员工接受这种变革。因此，在发生重大变革，需要做出改变时，领导者首先要做的不是立即采取行动，而是要学会借助故事告诉员工"我们为什么要做出改变"。当团队的每一位员工都明白原因后，他们才会正确地认识组织变革并积极地参与组织变革，组织才能成功变革。

总之，对推动变革而言，好的故事非常重要。

海尔集团有一个非常经典的"砸冰箱"故事，这个故事就是讲"我们为什么要这么做"的变革故事。

1984 年，时任青岛市家用电器工业公司副经理的张瑞敏临危受命，接任当时濒临倒闭的"青岛电冰箱总厂"的厂长一职。

张瑞敏上任的第一件事就是进行变革，其中最为典型的就是砸冰箱事件。这件事的起因是张瑞敏的朋友想买一台海尔冰箱，结果看了很多台都存在问题，最后只能勉强选了一台。

朋友走后，张瑞敏派人将库房 400 多台冰箱全部检查了一遍，发现一共有 76 台冰箱存在问题。张瑞敏找来负责人问责，负责人却表示，这些小问题并不影响冰箱的使用，并建议张瑞敏将这些冰箱低价处理给公司的员工。

张瑞敏有些气愤地说："我要是允许把这 76 台冰箱卖出去了，就等于允许你们明天再生产 760 台这样的冰箱。"

张瑞敏果断决定将这 76 台冰箱全部当众砸掉。这一大锤砸的不只是不合格的冰箱，还有海尔人的质量意识。3 年后，海尔冰箱获得了中国电冰箱史上第一枚质量金牌。

在海尔的变革史上，张瑞敏还做过一件推动变革的重大决策——裁掉万名中层。

2014年6月13日，张瑞敏在沃顿商学院全球论坛发表讲话："去年初海尔员工数量是8.6万人，年底减少至7万人，裁员比例为18%。海尔外去中间商，内去'隔热墙'，'隔热墙'就是中层管理者。企业里面的中层就像是一只烤熟的鹅，他们没有什么神经，无法把市场的情况反映进来。所以今年海尔预计再裁掉1万人，主要是中层管理者。"

张瑞敏"万人裁员"言论发出后立即成为众人热议的焦点。海尔方表示"减员增效是公司创新转型的必然结果"，张瑞敏则引用了一个比喻来解释这个重大的变革决策，他说："鸡蛋从外面打破是人们喜欢的食物，从内部打破是一个新的生命。"

变革最重要的是什么？好的变革方案必不可少，但比方案更重要的是员工知道变革的意义，且能够支持变革方案并贯彻执行。领导者可以通过故事让员工更具体、深刻地了解企业变革的目的，以及变革能给自己带来哪些利益。

为了推动变革顺利进行，领导者在讲"我们为什么这样做"的变革故事时要重点突出与员工利益息息相关的东西。因为比起变革方案，员工更关心的是与自己利益息息相关的东西，例如，"我的收入能不能涨""我的职位能不能提升""福利有没有增加""工作条件是否得到改善"……这些东西决定了员工能否支持变革。

　　领导者讲变革故事时可以向员工描绘这样一个美好的蓝图："组织变革，企业能得到长足的发展；公司的整体效率提高了，效益也会提高并且公司会因此发展壮大；公司发展壮大了可以向社会提供更多的职位，同时使公司员工有更大的机会进入管理层；公司效益提高了，员工所能得到的更多，包括工资、奖金及其他福利，可以使自己及家人过上更体面的生活；公司的声望提高，员工在外也能收获更多美慕的眼光……"

　　突出变革的意义和价值，尤其是与员工息息相关的利益和价值，更能获得员工的认同和支持。

　　变革的关键在于得到员工的支持，所以领导者不能只关注变革方案，还要为推动变革讲好故事，让员工知道"我们为什么要这样做"，并且愿意一起做。

第八节

决策故事：讲好“我们为什么要这样做”

✵

　　管理即决策。任何企业和团队的领导者都必须能够为团队做决策。但领导者做决策的关键不仅在于决策本身，还在于员工是否支持领导者的决策并认真落实执行。要实现这一点，领导者就要讲好“我们为什么要这样做”的故事，让员工从故事中认知到决策的意义和价值。

　　TCL 科技集体股份有限公司的领导者为了适应时代的变化，做出了一项重大决策——走国际化道路。对于为何做这样的决定，TCL 创始人李东生在内部论坛上发表的文章《鹰的重生》中做了详细解释。下面为文章的部分节选内容。

　　这是一个关于鹰的故事。

　　鹰是世界上寿命最长的鸟类，它可活到 70 岁。鹰要活这么长的寿命，就必须在它 40 岁的时候做出困难却重要的决定。

　　40 岁的时候，鹰的喙变得又长又弯，几乎能碰到胸脯。鹰的爪子也开始老化，无法有效地捕捉猎物，羽毛也长得又浓又厚，翅膀变得十分沉重，导致鹰飞翔的时候十分吃力。

　　此时的鹰有两种选择：要么等待死亡，要么经过一个十分痛苦的成长过程——150 天漫长的蜕变。它必须努力地飞到山顶，在悬崖上筑巢并停留在那里，不能飞翔。

在山顶的日子，鹰要用它的喙打击岩石，直到其完全脱落，然后静静地等待新的喙长出来。鹰会用新长出的喙把爪子上老化的趾甲一根一根拔掉，鲜血一滴滴地洒落。当新的趾甲长出来后，鹰便用新的趾甲把身上的羽毛一根一根地拔掉……5 个月后，新的羽毛长出来了，鹰重新开始飞翔，重新再度过30 年的岁月。

鹰的故事告诉我们：在企业的生命周期中，有时候我们必须做出困难的决定，开始一个更新的过程。我们必须把旧的、不良的习惯和传统彻底抛弃，这个过程中可能要放弃一些过往支持我们成功但今天已经成为我们前进障碍的东西，使我们可以重新飞翔。这次蜕变是痛苦的，对企业，对全体员工，对我本人都一样。

为了企业生存，为了实现我们的发展目标，我们必须做出这个重大决定。就像鹰的蜕变一样，重新开启我们企业的生命周期，在实现"成为受人尊敬和最具创新能力的全球领先企业"的愿景过程中，找回我们的信心、尊严和荣誉。

通过鹰的故事和李东生的阐述，TCL 的员工更能深刻地体会、理解领导做这个决策的意义和价值。也许这个决策并不一定正确，但对于 TCL 的员工来说，他们能做的就是支持领导者的决策并贯彻执行，帮助企业和自己获得更多的机遇。所以，卓越的领导者不仅会做决策，还会为决策讲一个故事。

为了促进员工认同并积极落实决策，领导者在讲决策故事时要重点突出决策对团队发展和个人发展的意义和价值。因为员工通常更关心决策跟自己的关系，落实决策能否为自己带来某些利益。这些利益是推动员工认同、落实领导决策的关键因素。例如，"大家认真落实这个决策有利于促进团队业绩目标实现，团队业绩目标实现后每个人都可以获得相应的奖金"。

用故事传达决策更容易被员工接收、认同并愿意为之行动，所以，领导者不要只是单纯地公布决策，而要善于将决策放在一个合适的故事中，用故事帮助自己传达决策。

第九节

教练故事：讲好"我们如何做的故事"

⚓

卓越的领导者始终追求高效的管理方式，如果领导者能讲好"我们如何做的故事"，用这些故事指导员工的行为，那就能够达到这个目的。

通常，领导者可以通过以下几种故事指导员工的行为。

一、成功的故事：指导正向行为，激励员工

成功的故事可以指引员工的行为正向成长，即员工知道要朝着哪个方向努力，采取哪些行为才能获得成功。

用一生的时间磨一面镜子这种看上去十分"愚蠢"的事情没有人愿意做，然而在荷兰，一位青年做了这件事。

这位刚从初中毕业的青年，在一个小镇的镇政府做门卫工作。门卫的工作比较清闲，青年为了打发时间，养成了打磨镜片的习惯。青年非常专注、细致，多年来的打磨生涯使他的技术已经超过专业技师，他磨出的复合镜片的放大倍数比市场上的很多镜片都要高。

就这样，青年锲而不舍地磨了 60 年镜片，也因此让他

发现了当时科技尚未知晓的另一个广阔世界——微生物世界。1674 年他开始观察细菌和原生动物，即他所谓的"非常微小的生物"。1677 年他首次描述了昆虫、狗和人的精子。1702 年他指出在所有露天积水中都可以找到微生物。他追踪观察了许多低等生物和昆虫的生活史，证明它们都自卵孵出，并经历了幼虫阶段，而不是从沙子、河泥和露水中自然发生的。

这个青年就是科学史上大名鼎鼎的荷兰科学家、有"光学显微镜之父"称号的安东尼·菲利普斯·范·列文虎克（Antonie Philips van Leeuwenhoek）

列文虎克的故事给人们的启发是要留心生活，观察生活，有对生活有一颗探索、热爱的心。领导者可以通过这种成功人士的励志故事传达这些概念，让员工知道要想获得成功就要采取行动，并且要勇于探索、钻研。

二、失败的故事：规避负面行为，警醒员工

出色的领导者善于讲成功的故事，而伟大的领导者善于讲失败的故事。很多时候，失败的故事反而比成功的故事更能让员工有所收获和成长。

2022 年 8 月 11 万，小米创始人雷军在一次演讲中分享了自己经历的 3 个低谷期。

第一个低谷期：研发的产品失败。

当时，雷军还在担任金山的总经理，他带着团队成员一

起开发出盘古软件，但销量十分惨淡。公司的其他业务也不太好，收入锐减，差点发不出员工的工资。所以这个时候，很多人绝望地离开了。

那段时间雷军经常失眠，后来，他决定自己亲自去店里销售盘古软件。在这个过程中，他发现围绕客户需求销售更容易成功。于是，他的大脑中立刻冒出了一个想法"一定要做用户需要的产品"。

于是他和他的团队开发出了更符合客户需求的新产品，金山又找到了一条活路。

第二个低谷期：个人成长危机。

盘古软件的失败让雷军感到挫败，这时候他做了一个大胆的决策——辞职。当时的领导反复挽留他，最后决定让他先休息半年再说。面对人生的逆境，雷军不知下一步何去何从，甚至考虑转行。后来，他对网上论坛感兴趣，于是在论坛上发帖，研究论坛的运营策略。半年后，他又重回金山，带领金山重新崛起。

第三个低谷期：错失互联网的时机。

雷军带着金山崛起时，正是互联网蓬勃生长的时期。雷军提出拿 1000 万元收购网易，但是被网易创始人拒绝了。收购失败后，雷军只能带领团队自己干，他们创立了卓越网，并开始涉足电商。但因融资能力不足，卓越网最后也被迫卖给了亚马逊。结果，卓越网被卖没多久，电商就开始爆发式的发展。很遗憾，雷军错过了这个机遇。

雷军想用这些自己处在低谷期的故事告诉员工，要学会顺势而为，他那句经典的感叹"站在风口，猪也能飞起来"就来源于此。

领导者不仅可以讲个人实践中失败的故事引导员工，还可以讲团队实践中失败的故事，带领员工复盘、反思、学习，也可以用同行失败的故事警醒员工，帮助员工规避错误行为。

三、问题故事：指出错误行为，高效解决问题

通过故事传达员工或团队存在的问题，能让员工更深刻地认识、接受自己存在的问题，并愿意积极改正。

某团队的领导者在强调团队沟通问题时讲了这样一个故事。

一天，某电台的主持人访问一名小朋友，问他："你长大后想要当什么呀？"小朋友天真地回答："我要当飞机的驾驶员！"

主持人接着问："如果有一天，你的飞机飞到太平洋上空所有引擎都熄火了，你会怎么办？"

小朋友认真思考了一下说："我会先告诉坐在飞机上的人绑好安全带，然后我挂上我的降落伞跳出去。"

当现场的观众哄然大笑时，主持人继续注视这位小朋友，想知道他究竟是怎样想的，是不是真的会做出这么自私的行为。就在这时，小朋友眼含热泪。见状主持人问他："你为什么会这样做呢？"

小朋友回答说："我要去拿燃料，我还要回来。"

如果主持人不继续提问，主持人和小朋友之间没有展开深入沟通，那么大家会误以为小朋友是自私的，只顾自己。同样，我们团队也一样，很多时候团队成员之间的矛盾并不是某一个人的问题，而是沟通问题。如果大家能积极、深入地沟通，彼此之间的理解会更深，团队关系会更融洽，工作效率也会提高。

比起直接指出问题，批评式的指导，员工更容易从故事中看到自己存在的问题，并且会主动反思如何解决问题，提升自己。所以，领导者要学会把问题放在故事里，用故事折射问题，帮助员工高效地解决问题。

无论是成功故事、失败故事还是问题故事，领导者讲完故事后都要引导员工深入思考、反思，让员工分析故事中的道理，这样才能真正让员工从故事中学习、成长。

第 **5** 章

创造绩效：引领高绩效的领导行为

领导力在管理工作中的直接体现是领导者能够带领
团队创造高绩效。所以，领导者要想提升领导力还
应掌握引领高绩效的行为，带领团队实现绩效倍增。

第一节

认知驱动：启动高绩效的动力之源

☸

　　领导者要想掌握让团队获得高绩效的动力之源，首先要清楚员工的主观能动力来源于哪。人的主观能动性主要来源于三个方面，也就是在第一章第二节"行为驱动的底层逻辑"中介绍的生物大脑、规则大脑和认知大脑，而认知大脑是决定我们行为的重要因素。换而言之，人的主观能动性主要来源于认知大脑。通常，人的认知境界越高，越能驱动高层次的行为。所以，领导者要想改变或推动员工的高绩效行为，就要帮助员工找到启动高绩效的动力之源，驱动员工的高绩效行为。

　　通常，高绩效行为的动力源是多种因素的综合作用，主要包括以下几个重要因素，如图 5-1 所示。

	自我激励		适当施压
	习惯养成		合理安排时间
	目标导向		趣味工作

图 5-1　高绩效的动力之源

一、自我激励

对于自我驱动力较强的员工来说，他们能够从自身找到源源不断的动力，不需要太多外部激励。但作为领导者，为了进一步激发这类员工的自我驱动力，还应当根据员工的特点、需求等采取合适的激励措施。

二、习惯养成

员工不断重复某个行为可以养成良好的习惯，这样便于员工在执行工作任务时更高效。这主要是因为大脑对这个行为已经有深刻的认知且已经优化了行为的思考过程，员工不需要进行过多思考就可以行动。

三、目标导向

设定明确的目标和计划可以帮助员工更有动力地完成工作任务，尤其在逆境中，员工通过认知制定的目标和计划，更能帮助他们坚持下去，达到目标。所以，领导者在安排工作任务时都应当与员工一起确定工作目标，制订工作计划，以结果为导向驱动员工的高绩效行为。

四、适当施压

适度的压力可以有效激发员工的潜能，让员工更有动力完成工作任务，进而可以在一定程度上提高员工的工作效率。由于每个人承受的压力不同，所以领导者施压时，应当了解员工的压力承受能力，然后根据员工的情况选择恰当的施压方式。

五、合理安排时间

合理的时间安排可以避免员工过度劳累、浪费时间，从而可以帮助员工提高工作和学习效率。在实际的管理工作中，领导者可以指导员工制订工作计划，明确工作任务的轻重缓急，并根据事情的紧急程度合理安排时间。

六、趣味工作

有趣的工作内容更能激发员工的热情和积极性，让员工愿意投入更多的时间和精力到工作中，所以领导者应当想办法增强工作的趣味性。例如积分奖励，员工每完成一项工作任务可以获得相应的分数，不用的积分对应不同的奖励，每个月统计当月积分，并发放奖励。

当然，以上几个因素是比较常见且对员工驱动力比较强的因素，但不同员工有不同的习惯和偏好，因此领导者还应根据员工的特点、需求等选择合适的方式驱动员工的高绩效行为。

第二节

系统解决：
分析问题上升一级，解决问题下降一级

✵

在团队管理工作中，领导者难免会遇到各种各样的问题，高效处理这些问题才能推动团队正常运转。所以，卓越的领导者都具备高效解决问题的能力。那么，领导者如何能掌握高效解决问题的能力呢？高效解决问题的核心是系统思维。

实际上，管理工作中的客观事物之间是相互联系、发展变化的有机整体。系统思维就是领导者运用系统观点，将事物联系起来，从全局看待问题，思考如何解决问题的一种思维模式。系统化思维是一种科学的思考方式，是从表象和本质角度进行思考与判断，能够帮助领导者洞察事物的本质且能提出针对性的解决方案。在实际的管理工作中，采取这种思维模式解决问题的具体做法是分析问题上升一级，解决问题下降一级。

一、分析问题上升一级

为什么分析问题要上升一级呢？因为很多时候，领导者思考员工个人或团队面临的某个问题时，往往会基于个人主观立场去思考和决策，这种思考和决策比较片面，不利于探究问题本质，找到针对性的解决方案。事实上，在一个完善的组织结构中，每一个团队、岗位、业务之间都会有产生纵向联系和横向联系，这些联系也会影响我们思考和决策，进而会影响最终的解决方案。因此，为了探究问题本质，领导者应当站在更高的层面思考问题。例如，员工个人存在问题时，我们应当思考团队管理是否存在问题，思考组织结构是否存在问题，甚至可以从站在更高的角度思考组织战略是否存在问题。

俗话说，"站得高望得远"，当领导者能够站在更高的层面，用全局的眼光看待问题，思考问题时，就更能探究问题本质，快速找到解决问题的方案。而且这个方案不仅能解决当下的问题，还能促进组织的健康发展。

二、解决问题下降一级

解决问题的时候领导者需要下降一级，要站在执行者的角度制定解决问题的方案。这是因为领导者分析问题的时候站的位置比较高，而执行者并不了解这个思考过程，如果直接让执行者去执行解决问题的方案，那么他们可能因为不理解这样做的原因而无法高效地执行方案，进而无法高效解决问题。

我曾在企业担任技术中心经理，工作中，我经常遇到员工无法按时按质完成工作任务的问题。刚开始我认为是他们的工作能力和态度存在问题，但后来仔细分析研究发现，其实是他们的能力和我所安排的工作要求的能力不匹配。这主要因为我安排任务的时候只是站在我的角度思考，没有考虑员工是否理解任务，是否能完成任务。为了避免员工无法完成任务的问题，后来我安排任务、传达执行方案的时候都会站在员工的角度去思考。因为执行者是员工，只有员工理解了解决问题的方案，这个方案才能落入实地，达到预期效果。

所以，在解决问题的环节，领导者要从执行者的角度思考他们能否真正理解这个方案以及其中的每一个具体措施，然后用他们能理解的方式传达给他们，并协助他们执行解决方案。

系统解决问题其实就是自下而上分析问题，自上而下解决问题，这样就可以形成上下之间的逻辑闭环，利于深入挖掘问题，从根本上解决问题。

第三节

锻造人财：
从"人灾"到"人财"的五级心智模式

✸

对团队的人力资源结构进行研究我们会发现，团队的人力资源大概分为 5 级，分别为"人灾""人在""人材""人才""人财"，而卓越的领导者总是善于锻造人财。

一、人灾：不能干事或干了一点事就制造麻烦

"人灾"类型的员工就像一个小喇叭，会在团队中传播负面消息，影响团队和谐，给团队制造麻烦。"人灾"类型的员工主要特征如图 5-2 所示。

喜欢抱怨，尤其喜欢抱怨团队目标，怀疑团队是否能完成这个目标

认为领导者能力一般，喜欢在背后议论领导者

对团队的各种政策、变革缺乏信心

图 5-2　"人灾"类型员工的特征

对于"人灾"类型的员工，领导者要尝试去引导他们往"人财"的方向转变，但如果他们没有任何改变，那就应当果断放弃这类型员工，为团队节省人力成本。

二、人在：不断地提醒、指导后仍然被动工作

"人在"类型的员工渴望别被人认同，渴望得到口头表扬。"人在"类型员工的主要特征如图 5-3 所示。

习惯跟随别人，
而不是领导别人

需要刺激、鼓励
才能做事

不愿意发表意见，
不喜欢冒险，没有
创新能力

困难时会装聋作
哑，表现出与世无
争的态度

渴望被人认同

图 5-3　"人在"类型员工的特征

对于"人在"类型员工，领导者应当多激励，使更多的"人在"转变为人财。

三、人材：给予一定指导后能圆满完成任务

"人材"是指在领导者的指导下能够圆满地完成工作任务。"人材"的主要特征如图 5-4 所示。

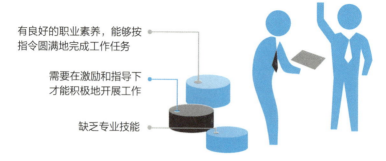

有良好的职业素养，能够按
指令圆满地完成工作任务

需要在激励和指导下
才能积极地开展工作

缺乏专业技能

图 5-4　"人材"类型员工的特征

"人材"类型的员工中多数能够为团队创造财富和价值，对团队也比较忠诚，领导者应当以"人财"为目标对"人材"类型员工进行培养。通常，这类员工通过培训、鞭策和引导很容易升级为"人财"。

四、人才：提出明确要求下能够出色地履行职责

"人才"是一个广泛的概念，通常用于描述具备某些特定技能、知识和能力，能够为社会和经济发展做出贡献的人。具体定义和解释可能会根据不同的文化、行业和背景而略有不同，但是一般情况下，"人才"具备的特征如图 5-5 所示。

总结来说，"人才"是一个综合性的概念，既涵盖了专业能力和技能，也包括了人际交往和领导能力等多个方面，对社会和经济的发展都至关重要。因此，吸引、培养和留住人才一直是社会和企业面临的重要挑战，更是领导者的核心职责之一。

人才通常具备某些特定的知识技能，这些知识和技能可以在特定的行业或领域中发挥作用

人才通常具有一定的创新和创造能力，能够在解决问题、开发新技术或改进现有的工作和产品方面发挥作用

人才通常能够有效地领导、管理和协调团队，以推进项目和工作取得成功。他们一般具有一定的人际交往、沟通和协商能力

人才通常具有持续学习和自我提升的意愿和能力，以保持与时俱进和适应不断变化的环境和技术

图 5-5　"人才"类型员工的特征

五、人财：在岗位上能够自主创造性地干出业绩

"人财"类型的员工能够起到模范带头的作用，是团队稳定的骨干，能给团队带来财富。"人财"类型员工的主要特征如图 5-6 所示。

懂得自我激励，自信心非常强，遇到问题会主动探寻答案

抓住一切机会学习，不断更新自己的知识，并且非常善于利用碎片化的时间学习

利用最少的资源和时间达成目标，有强烈的成本意识，会不断主动开发自己的人脉

客观评价问题和现状

变革推动者和乐于创新，喜欢变化，敢于挑战新事物

图 5-6　"人财"类型员工的主要特征

　　"人财"是团队财富的重要创造者，是团队的焦点，所以领导者应当重视这类员工的培养，并且要积极采取措施将其他类型的员工转变为"人财"，组织成一支精英"人财"队伍，为团队创造更多财富和价值。

第四节

提供指导：遵循 "721 原则" 进行高效工作

✱

沟通指导对团队工作的开展起着十分重要的作用，领导者如果能遵循 "721 原则" 进行沟通指导，那么就能进一步帮助员工提升工作效率。

"721 原则" 是一种管理理念和方法，也被称为 "管理金字塔"，核心是帮助员工将自己的时间和精力集中在最重要的任务上，从而提高工作效率和管理效果。"721 原则" 的核心思想是以下 3 个数字。

7：每周必须完成 7 项重要的工作任务。

2：将重要的工作任务分配到每天，每天要安排两项重要的工作任务。

1：每天必须完成一项重要任务。

领导者在使用 "721 原则" 指导员工安排工作时，首先应当列出每周需要完成的任务，并根据任务的重要性进行优先级排序，然后按照优先级将这些任务分配到每周和每天的任务清单中。每天需要安排 2 项重要的工作任务，必须完成 1 项重要的工作任务，每周必须完成 7 项重要的工作任务。这种工作任务分配方式可以帮助员工将自己的时间和精力聚焦在最重要的

事情上，实现时间价值最大化。

在使用"721 原则"时领导者需要注意，这个原则只是一种指导性的管理工具，具体应用时，员工需要根据自己的工作需要和实际情况进行调整，以便更好地适应不同的工作环境和挑战。同时，领导者还要注意以下几个事项，以进一步提高指导效果，提升员工的工作效率。

一、明确目标和期望

明确目标和期望是提供有效工作指导的基础。领导者应当与员工进行深入沟通和交流，确保他们清楚任务目标和期望。

二、提供详细的工作指导

提供详细的工作指导可以帮助员工更好地了解任务要求、实施任务的具体方法、措施，进而可以帮助员工更高效地完成工作任务。领导者通常可以提供书面指导、现场指导或在线指导等多种指导方式。

三、帮助员工解决问题

员工执行工作任务的过程中可能遇到各种问题和困难，这个时候领导者要及时给予帮助和支持，帮助员工解决问题，提高工作效率。

四、提供评估和反馈

及时评估和反馈可以帮助员工了解自己的表现、需要改进和保持的地方等，然后可以根据这些信息调整自己的工作流程和方式，提升工作效率。为此，领导者可以定期与员工进行沟通、评估和反馈，提供必要的反馈和建议。

五、建立信任关系

良好的信任关系是领导者为员工提供有效工作指导的前提和关键。领导者需要与员工建立良好信任关系，充分了解员工的需求和问题，以便为员工提供更具针对性、更高效的工作指导和支持。

有效指导员工是引导高绩效的关键领导动作，是领导者的核心职责之一，更是领导者作用的重要体现。所以，领导者不仅要清楚地告知员工他们需要完成什么样的工作任务，更要细心指导他们完成工作任务。

第五节

赋能授权：激发团队成员的潜能

✤

赋能是指通过授权和培训等方式，让员工获得更多的决策权和自主权，从而提高员工的自信心和工作能力，促进组织发展和创新。在管理行为中，赋能是一种非常重要的管理策略，它可以帮助员工更好地理解他们的工作职责、目标和期望，并使员工在工作中发挥更大的能力和自主权。同时，赋能还可以帮助员工更好地适应变化和挑战，增强他们的工作动力、满意度和忠诚度。所以，在实际的管理工作中，领导者应当根据不同员工和组织需求，采用恰当的方式赋能员工，以便最大限度激发员工的潜能。

赋能的主要方式是授权和培训，但比起常规的培训，有效授权更能激发员工的潜能。所以，领导者应掌握赋能授权的概念以及有效授权的方式和策略。

授权是管理行为局部权力下放的过程，给特定组织成员赋予权力并使之承担相应的责任，是权力下放的一个重要方面。但授权的意义和价值远不仅如此。授权本质上是释放员工的潜能，从而获得更高的绩效。同时，授权能强化领导者的团队意识，培养员工的新技能，提升员工的知识水平的宽度和高度，挖掘员工新的潜能。

通用汽车旗下的著名汽车品牌之一的土星获得成功的很大一部分原因是他们实行了雇员授权。土星公司内部成立了一个比较小的、自我指导的业务单位的组织，公司的所有员工被划分为 150 个这样的小组织，每个组织 15 人左右，并且每个小组有权制定传统上只能由领导决定的决策。这种授权方式鼓励了整个团队，提高了团队成员工作的积极性，进一步提升了团队绩效。

有效的授权能够提升团队绩效，因此，在管理工作中我会积极地通过授权赋能，激发员工潜能，提升团队绩效。

我负责处理集团公司西南大区业务时，遇到一名很优秀的员工。这名员工是产品部经理，虽然年龄才 22 岁，但已经具备足够的能力影响公司的总业务收入。一般情况下，只有在公司工作了 5~10 年，年龄段在 35~40 岁的员工才可能具备这种影响力。但这名员工例外，他具备超强的影响力。这主要是因为他有实力，善于做决策、处理客户关系、推进产品发布以及管理研发人员。总之，他可以管理好一切与自己有关且关系到公司利益的各种事务。

基于对员工能力的了解和对其影响力的认识，我对这名员工进行了授权，希望进一步激发他的潜能。而这名员工也没有辜负我的期望，在往后的工作中一次次创造出令人惊喜的业绩。

授权的有效性在于员工的能力，更在于正确的授权方式和策略。在授权管理过程中，不仅为团队的每个员工提供一个可以施展才华的空间，同时也会明确在这个空间里所有的一切都需要员工自己去创造，并要求他们对自己的工作负责。另外，我还要承担对应责任以确保员工不会有越权行为。总之，我认为领导者一定要确保授权有效，能够发挥所授予的权力的价值和作用。那么，在实际的管理工作，领导者要如何做才能实现有效授权，赋予员工需要的权力与资源呢？

一、牢记授权要点

牢记授权要点可以规避问题，提升授权效果。通常，在进行授权前领导者要牢记以下几个授权要点。

1. 信任授权对象

授权只有运行在信任的轨道上才能产生正面效应，达成最终目标，更好地实现组织的价值。因此，领导者在确定授权对象并授予权力后要充分信任授权对象，敢于放手让他们行使权力。

2. 明确授权目标

明确授权目标是开展授权管理工作的方向，也是鞭策员工向前迈进的动力和源泉。因此，领导者在确定授权对象后要制定明确的授权目标，所制定的目标应具有挑战性、多样化、可考核等特征。同时，领导者要注意，不要在没有考虑授权对象的情况下就制定授权目标，因为适合某个员工的目标也许完全不适合另外一位员工。

3. 尊重员工

尊重是一种新的授权鼓励工具，领导者正视这个工具的存在，并尽可能地满足员工的尊重需求，员工就会在行使权力的过程中表现得更加积极。为此，建议领导者在授权的过程中用积极、温暖的语言，例如，"我们需要""感兴趣""进展成果""很乐意"等，这些语言能够带给员工一种激人奋进的归属感与自尊感，促使他们愉快地展开授权的工作。

4. 授权反馈

授权反馈是指在授权的过程中领导者给予积极的反馈，这在授权过程中是不可缺少的，也是授权的重要组成部分之一。领导者在进行授权反馈时要注意如下几点：实时跟踪授权过程并积极收集相关信息；选择积极的反馈方式，因为积极的反馈更能激励员工。例如，"我是否可以提出一些建议""我能不能谈谈我对……的看法"。真正的反馈是双向的，所以领导者应当建立授权反馈系统，员工可以随时反馈信息，领导者也可以随时接收信息，反馈信息。要注意的是，作为领导者，无论好坏，应当无条件接受员工的所有信息，这样利于掌握授权工作的全貌。此外，领导者还要杜绝虚假反馈，积极赞扬能够

给予真实反馈的员工，强化他们继续反馈的意愿。

5. 适当指正错误

在授权工作中，员工难免会因为一些问题出错，这个时候就需要领导者及时指正。指正错误是授权的重点工作之一，其关键是适当。一般情况下，员工在面对适当的批评时，通常会心存感激，会自责，然后会激励自己不再出错，把工作干得更好、更出色。所以，在面对员工出现错误时，领导者要正确看待错误，采取合适的方法指正员工，并鼓励员工改正。

6. 定期检查

定期检查是授权过程中的关键环节，主要目的是了解员工执行情况，便于及时为员工提供帮助。领导者在执行检查工作时一定要找到平衡点，即不能盯得太紧，也不能完全放手。授权工作盯得太紧，容易抑制员工的想象力，但完全放手也可能出现诸多问题，导致无效授权。因此，如何掌握定期检查的正确尺度是每个领导者需要面对的挑战。

7. 正确的授权心态

培养员工是一种双赢的行为，谁能通过赋能授权把员工举起来，谁就是强大的、卓越的领导者。

二、做好授权准备工作

为了确保授权的有效性，领导者在授权之前还要做好以下两件工作，如图 5-7 所示。

确定授权对象

明确授权内容

图 5-7　授权的准备工作

1. 确定授权对象

权力授予谁是领导者首先要思考的问题，这些问题包括"员工有没有能力完成这份工作，是否需要授权""员工是否接收授予的权力""员工是否能创新地完成任务"等。领导者强行授权是很难取得成效的，所以，有效授权的前提是找对人。找对人的前提是避开误区。通常，确定授权对象时，领导者很容易陷入以下几个误区。

误区一：最优秀的是最适宜的

最优秀的并不一定是最适宜的授权对象。从领导者角度讲，挑选最优秀的员工是领导者只注重短期绩效，不注重长期方案的短视行为，这种行为不利于团队的长期发展，因此不可取。

误区二：拒绝直觉

授权不是一门精确的科学，只要抓好时机，领导者完全可以相信自己的直觉，让"陌生的人"去试一试很可能会给我们意外惊喜。世上没有绝对之事，对于直觉我们不全盘否认也不全盘肯定，方为明智之举。

误区三：选择自己看得顺眼的人

或许授权对象的个性与能力与自己相仿，但这个人往往很难弥补领导者的盲点，无法帮助领导者发现新的问题，探索更多的可能。所以，选择授权对象不仅要看顺眼，还应全面、多方位考量。

在确定授权对象时，除了要避免以上结构误区，领导者还应深入了解授权对象、所有权力以及所需完成任务的要求，确保三者统一、匹配，切忌盲目授权。

2. 明确授权内容

不是所有权力都可以授予给员工，乱授权很容易造成授权不恰当，给团队带来负面影响。因此，在授权之前，领导者要明确哪些权力可以授予员工，哪些权力不能授予。

一般情况下，领导者应保存以下几种权力：事关区域、部门、单位的重大决策权，直接下属和关键部门的任免权，监视和协调下属工作的权力，直接下属的奖惩权等。这些权力属于职能责任者工作范围内的权力，不能授予。除此之外的其他权力，可根据不同情况灵活掌握。从实际工作衡量，那些可能会分散领导者精力的工作，以及因人因事而产生的机动权力等都可以考虑授予员工。但一定要注意事情的轻重缓急以及授权的具体方法，以确保授权的效果。

三、选择恰当的授权方法

对于不少领导者而言，他们在授权管理工作中比较担心的问题是盲目授权或授权失当，如何避免这种现象发生呢？基于下属的行为表现授权可以有效避免这两个现象发生。

恰当授权的前提是对授权对象有充分了解，因此，选择授权对象后领导者要对意向授权对象的行为表现进行分析。通常，根据员工行为属性的特点，领导者可以将授权对象的行为分为工作意愿和工作能力两个维度，如图 5-8 所示。

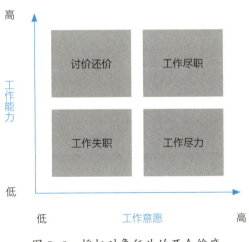

图 5-8　授权对象行为的两个维度

从图 5-8 的两个维度我们可以看到授权可能带来的一些行为影响，基于这些不同的影响，领导者可以针对性选择不同的授权方式。

1. 充分授权

对于工作尽职尽责的员工可以选择充分授权的方式。充分授权能够极大地发挥下属的积极性、主动性和创造性，并能减轻领导者不必要的工作负担。领导者在充分授权时应允许下属决定行动的方案，并将完成任务所必须的人、财、物等权力完全交给下属，并且允许他们自己创造条件，克服困难，完成任务。

2. 不充分授权法

对于工作尽力的员工可以选择不充分授权的方式。但凡在具体工作不符合充分授权的条件下，领导者都应采用不充分授权的方法。在实行不充分授权时，领导者应当要求下属就较重要的工作，在进行深入细致的调查研究的根底上，提出解决问题的全部可能方案，或提出一整套完整的行动方案。经过上级的选择审核后，批准执行这种方案，并将执行中的局部权力授予下属。

采用不充分授权时，领导者和下属双方应当在方案执行之前就有关事项达成明确的规定，以统一认识，保证授权的有效性。

3. 弹性授权法

对于工作尽力和讨价还价的员工可以选择弹性授权法。领导者面对复杂的工作任务或对下属的能力、水平没有充分把握，又或环境条件多变时可以采用弹性授权法。在运用这种方法时，领导者要掌握授权的范围和时间，并依据实际需要调整授予下属的权力。例如，领导者可以实行单项授权，即把解决某一特定问题的权力授予某人，问题得以解决时权力予以收回。或者实行定时授权，即在一定时期内将权力授予某人，到期后，权力即刻收回。

4. 制约授权法

当领导者任务繁重，没有足够的精力实施充分授权时，便可以采用制约授权的方法，对于工作尽力和讨价还价的员工可以采取这种授权方式。制约授权法是领导者将某项任务的职权分解成两个或多个部分并分别授权，使他们之间产生相互制约、互相钳制的作用，以有效地防止工作中出现疏漏。

5. 逐渐授权法

对于工作尽职尽责、工作尽力和讨价还价的员工都可以选择逐渐授权法。逐渐授权是指领导者在授权前对下属进行严格考核，全面了解下属的能力、品德、特点等情况。但是当领导者对下属的能力、品德、特点等不完全了解，或者对完成某项工作所需的权力无先例可参考时，就应采取见机行事、逐步

授权的方法。例如，先用"勘理""代理"职务等非授权形式试用一段时间，以便对下属进行深入考察。当下属满足授权的条件时，领导者可以真实授予他必要的权力。这种稳妥的授权方法并非要使权责脱节，而是使两者吻合和，权责相称。

四、明确科学的授权步骤

科学的授权步骤是有效授权的根本保障。通常，科学的授权分为以下几个步骤。如图 5-9 所示。

图 5-9　科学的授权步骤

1. 打好基础（计划）

打好基础是指领导者要事先做好授权计划，明确授权的工作任务、问题以及授权对象。

2. 下达指令（实施）

向授权对象交代授权的具体内容，包括授予了哪些权力，需要完成哪些工作任务，何时完成任务等。

3. 检查进展（检查）

授权不是完全放手，领导者还应监督员工工作过程，确保员工可以有效利用权力，高效完成工作任务，实现预期的结果。在这个环节，领导者要根据任务性质确定检查周期以及衡量工作质量的标准。

4. 回顾总结（改善）

授权结束后，领导者要回顾授权的整个过程，总结经验，改善授权中存在的问题和不足之处，提升下一次的授权效果。

有效授权对领导者、员工及企业三方都有利。对领导者而言，授权可以让他们空出时间和精力做策略性的思考；对员工而言，授权可以让他们学习新的技巧和专长，激发自身的潜能，获得更多的成就；对企业而言，授权可以增进整体的效能。所以为了实现多方供应，领导者应积极地做好授权这项工作。

五、掌握成功授权的要诀

为了进一步提高授权的效果，我再分享几个成功授权的要诀。

1. 不要只问"懂了吗"

领导者安排任务给员工时都会惯性问"懂了吗""我讲的你明白了吗"等问题，但对于对细节不是很了解的员工很可能会条件反射地回答"知道""明白"，因为他们不想被领导者质疑。然而这种情况并不利于推进授权工作的顺利进行。所以，建议领导者安排任务时换一种提问方式，例如，"你打算从哪里着手""你大概打算用什么流程去做"，这些问题可以测试员工到底懂不懂自己该做什么。如果不懂，那么领导者可以再讲一遍，直到员工真正知道自己接下来要做什么。

2. 明确绩效指标与期限

员工必须清楚自己在授权下必须达到哪些具体目标，以及必须在什么时间内完成，这样员工才有努力的方向。

3. 为下次授权做"检讨"

授权结束后，领导者应与员工一起复盘、总结员工这次的表现如何并检讨改进。领导者也可以从中了解授权存在的问题，并总结经验，为下次授权提供有价值的参考。

4. 授权不一定要是大事

未必一定要大项目才能授权，即使只是一次再寻常不过的小事，领导者也可以授权。尤其对于新员工，领导者可以从小事开始授权，这样可以训练他们负责任的态度，帮助他们建立自信。

5. 授权的限度要弄明白

有些员工会自作主张，扩张自己获得的授权，做一些超出授权范围的事。因此，领导者要在授权时特别交代权力的"界限"，一旦员工快触碰到界限，领导者就要要求他们刹车，回到界限以内的空间活动。

6. 确定支持措施

授予权力时，领导者要告知员工，当他们有问题时，可以向谁求助，并且要为他们提供需要的工具或场所。例如，告诉合作对象，自己已经授权某员工负责分析市场现况，请他以后直接给予该名员工协助。更重要的是，领导者要告知员工在行使权力的过程中遇到任何问题都可以向自己求助。

7. 帮员工设想可成长工程

就某种角度说，授权是一种用来训练员工成长的方式。因此领导者在授权时，要为员工设想"他能通过我的授权能学到什么"，然后再安排授权的具体内容。

对团队员工进行赋能授权可以激发群策群力，对提高团队以及企业的整体智慧和价值有不容忽视的作用。所以，领导

者不仅要发挥自身的领导力，还要懂得赋能授权，激发整个团队所有成员的领导力，提升团队生产力，从而成功打造高绩效团队。

第六节

抓住关键：设定"关键时刻"与"关键行为"

※

不少领导者抱怨，"不是不想努力工作，提升团队绩效，而是团队的事情太多，一个人的时间和精力有限，根本不可能把所有事情都做好，永远忙不完"。诚然，团队领导者需要承担的事情有很多，但并不是像领导者所说的"永远忙不完"。寻根究底，是领导者不懂得抓住关键。

卓越的领导者都会抓住关键，主要善于抓住"关键时刻"和"关键行为"，因为这些关键在诸多工作中起着决定性作用，决定着工作的质量和效率，决定着最终的结果。

抓关键的前提是设定关键点，领导者应重点掌握如何设定"关键时刻"和"关键行为"。

一、设定"关键时刻"

什么是"关键时刻"？"关键时刻"是指那些工作中对员工能否达到结果起到分水岭作用的时刻。"关键时刻"在工作中往往表现为选择时刻（员工需要做出方向性选择的时刻）和挑战时刻（员工面临挑战的时刻）。

2013 年华为的销售收入首次超过爱立信，尽管华为取得如此好的成绩，创始人任正非却忧心忡忡。在任正非看来，当前要关注的不是企业如何去实现利润最大化的事情，而是考虑企业怎么能活下去的问题。任正非说："不要总想着做第一、第二、第三，不要抢登山头，不要有赌博心理，喜马拉雅山顶寒冷得很，不容易活下来，华为的最低和最高战略都是如何活下来，你活得比别人长久，你就是成功者。"

在业界人士看来，任正非的做法与许多其他企业的做法大相径庭。大多数企业在绝大多数时候的追求都是创造更多的利润，进入世界百强企业。但实际上，这些企业的做法很可能使企业发展面临隐患。对于任何一个小公司而言，活下去要比几年之内成为世界百强企业更重要。

当华为取得突破性成就的时刻，任正非做出的选择不是企业如何去实现利润最大化的事情，而是考虑企业怎么能活下去的问题。这个选择会决定华为的未来怎样发展，还能取得哪些突破性的成就。这样的时刻就是华为管理的"关键时刻"。华为之所以能获得成功，很大一部分原因在于任正非懂得抓住"关键时刻"，并能够在这些时刻做出正确的决策。

领导者在实际的工作中应如何设定"关键时刻"呢？

1. 员工、团队面临方向性选择时

例如，员工或团队在执行某个项目时，需要决定是采用 A 方案还是 B 方案。

2.员工、团队面临挑战时

例如，员工或团队在某个项目中遇到困难、障碍时，领导者需要协助员工或团队做出决策。

除了以上两个时刻，领导者也可以根据任务的完成节点设定"关键时刻"，例如，任务开始时、任务进行到一半时、任务结束时设定"关键时刻"。或者根据任务的性质设定"关键时刻"，例如，有些任务可以划分为若干个环节，那么每一个环节都可以设定一个"关键时刻"。

二、设定"关键行为"

从行为学角度看，管理就是管理员工的行为。但员工的行为有很多，如果领导者管理员工的行为过多，可能会出现以下两个问题。

第一，管理行为过多需要耗费领导者大量的时间和精力，而领导者的时间和精力有限，所以这样做不切实际。

第二，管理行为过度很容易让员工产生抵触情绪，影响员工及整个团队的工作效率。

所以，从这两个问题看，领导者不能也无法管理团队成员的所有行为。换个角度说，领导者应当聚焦、管理员工的关键行为。

所谓"关键行为"是指那些对领导者希望获得的结果有

重要影响的行为。

例如，销售员要带领团队完成领导布置的销售任务，那么领导者可以将"处理客户投诉、异议"设定为管理工作中的"关键行为"。因为只有通过有效的处理客户投诉、异议，销售员才能更好地推进销售工作，促进成交，从而完成上级下达的工作任务。换个角度说，领导者无须将更多的时间和精力花费在管理员工填写报销单这类行为上，因为这些行为无法帮助销售员实现销售目标。

管理"关键行为"的好处在于既能帮助领导者节省时间和精力，又能帮助领导者实现期望的结果。

管理员工的"关键行为"的前提是设定"关键行为"。其实只要找到了"关键时刻"，设定"关键行为"就变得十分简单。领导者要设定"关键行为"，就需要关注员工工作过程中遇到的一些"关键时刻"，通过对"关键时刻"的分析设定"关键行为"。

在前文的内容中我们介绍了什么是"关键时刻"，如何设定"关键时刻"。在此基础上，我们再回到上面的例子。

销售员在工作的过程中难免会面临客户投诉或提出异议的时刻，这些时刻就是挑战时刻。如果销售员能够巧妙地解决问题，处理好投诉和异议，得到客户的认可，那么就能顺利地推进销售进度，促进成交，从而完成目标任务。

因此，设定了"关键时刻"，我们就能顺藤摸瓜地找到员工的"关键行为"。

所以，领导者要想抓住关键，将自己的时间、精力放在能创造价值的事情上，就要掌握设定"关键时刻"和"关键行为"的方法，且要懂得从"关键时刻"中找到"关键行为"。

第七节

兑现承诺：
兑现奖励是立信，兑现惩罚是立威

❂

优秀的管理者都有一个特点，他们敢于做出承诺并且一定会及时兑现承诺。对于领导者而言，兑现承诺不仅是高尚的品德，还是领导者立信立威的重要手段，有利于提升领导者的个人魅力，同时能激励员工，提升员工的工作效率。

一、兑现奖励是立信

获得员工的信任，与团队建立较强的信任关系，是领导者开展管理工作，带领团队创造绩效成果的基础和前提。而获得员工信任最简单、直接的方法就是兑现奖励。

兑现奖励时，领导者很容易忽视的一点就是只重视兑现一些重大项目的奖励，而忽视一些小项目的奖励。但实际上，兑现小项目的奖励更容易立信，也更能激励员工。

商鞅变法的过程中有一个非常经典的故事。

魏国人商鞅准备在秦国实行变法运动，于是广而告之。但是很多人都不相信他，所以并没有人理会商鞅。

商鞅见此情形，想到一个办法，他在市场南门的位置立了一根很轻的杆子，并说谁能把杆子从南门拿到北门，就可以得到一些金子。

人们对此议论纷纷，很多人不相信天底下会有这么好的事情，将这么轻的杆子从南门拿到北门就能得到金子。

就在大家都怀疑这件事情的真假时，一个人将杆子拿起来，从南门拿到了北门。

大家本以为商鞅并不可能给金子，但意外的是，商鞅立刻赏了那个人金子。最后这个消息传开后，大家再次议论纷纷说"商鞅说话算话，这次真的要变法了"。

就这样，商鞅变法的想法传开了，越来越多的人开始支持商鞅变法，使变法得以顺利展开。

从这个小故事中我们可以很直观地看到，领导者的信用可以从兑现小的奖励而来。所以，在实际的管理工作中，领导者只要做出了承诺，无论大事小事，只要员工达到了奖励的要求，都要及时兑现奖励。

二、兑现惩罚是立威

领导者不仅要及时兑现奖励，同样要及时兑现惩罚。兑现奖励是立信，兑现惩罚则可以帮助领导者立威。

领导者兑现惩罚的时候应当严格遵循团队的奖惩机制，否则容易失去公平性、公正性，不仅无法帮助领导者立威，反而会起到反作用，让员工对领导者产生抵触心理。此外，领导者在兑现惩罚的时候要找准对象。通过惩罚立威的时候，一定要找有分量、地位高的人，这样才能起到"杀一儆百"的作用，更好地立威。

某企业的领导视察工作的时候，在门口看到一位保洁人员没有认真履行职责，于是立即叫住保洁人员，狠狠训斥了一顿，保洁员感到十分委屈，一边抹眼泪一边表示一定会改正。这件事轰动了整个公司，员工对此议论纷纷。

后来，领导解释道："我平时很少来公司，我这次来就是想抓一些典型问题并进行处罚。我这个做法叫'杀鸡儆猴'，以此来立威。否则，他们认为我这个领导可有可无。"

但领导者对保洁员的训斥并没有起到"杀鸡儆猴"的作用，反而让员工认为领导过于严厉、苛刻、不近人情，影响了领导者的形象和魅力。这就说明这种做法存在一些问题，主要问题是领导选错了对象。

职位没有高低之分，但是影响力、地位有高低之分。如果领导者选择一些影响力较低、地位高低的员工作为兑现惩罚立威对象，对其他员工起不到震慑作用，他们甚至会认为领导者只会捏"软柿子"。相反，如果领导者选择一些影响力较大、地位较高的员工作为兑现惩罚立威的对象，那么对其他员工将起到较大的震慑作用。其他人会认为，这么优秀的员工领导者也敢惩罚，这样的领导有威信，值得追随。

所以惩罚立威的关键是要选对人。但并不是说只惩罚影响力较大、地位较高的人，这里强调的是要学会抓典型，从典型中处罚立威。对于团队的其他员工犯错，领导者同样都要遵循团队制定的奖惩制度对他们进行奖惩。

人无信而不立，作为团队的领导者，对员工承诺的事情一定要及时兑现。否则就会失去威信，在管理工作中就无法调动员工的积极性，无法凝聚团队的力量，进而无法带领团队创造高绩效。

第八节

心定如山：做坚守到最后的人

※

　　领导者在职场上所展现出的坚守精神是领导力中相当重要的部分，这种力量给员工带来的影响是巨大的。纵观古今中外的卓越的领导者，大部分都能在任何环境下保持心定如山，并坚守到最后。

　　心定如山是指内心平静、冷静、镇定的状态，这种状态可以使领导者在面对压力和挑战时保持清晰和冷静，迅速找到解决问题的最佳方法。那么如何才能具备这样的心态呢？果敢自信的人往往更能拥有这样的心态。所以，领导者要想做一个能够坚守到最后的人，就要不断培养、提升自信心。

一、知道自身的优势和价值

　　自信往往源于自身的优势和价值，所以，领导者要想做到果敢自信，就要知道自身的优势和价值。领导者可以通过认真思考、观察自己在工作中的表现，发现自己的优势和价值，从而增强自信心。

二、确定具体的目标

明确具体的目标是坚定信念的前提，领导者做任何事情之前都应当明确自己的目标，并制订切实可行的计划。

三、勇于尝试、接受挑战

相信自己的人都是勇于尝试、接受挑战的人，所以领导者在工作中要不惧困难，勇于挑战自己，主动承担一些比较艰巨的任务。在这个过程中，领导者可以进行积极的自我暗示，例如，"我值得""我很棒""我有能力胜任这件事"等，这种积极的心理暗示能够帮助领导者增强勇气和信心。

四、学会面对失败

坦然面对失败并在之后重拾信心也需要极大的自信心和勇气，所以领导者要学会面对失败。面对失败时，领导者应当保持积极的心态，要告诉自己"金无足赤，人无完人"。同时，要积极寻找解决问题的办法或者积极寻求他人的帮助，让自己尽快从失败的困局中走出来。最后，领导者要从失败中反思、总结，不断学习成长，提升自己的综合能力。综合能力越强，越能够避免失败，获得自信心。

五、建立良好的社交

建立良好的社交关系可以帮助领导者获得更多支持和鼓励，从而增强领导者的信心。领导者可以主动跟员工、同事以及朋友建立互信、支持的关系，且要真诚对待这段关系，这样才能维持和谐的关系，从中汲取正能量。

六、学会不断反思

反思是发现自我、提高自我认知、强化自我能力的重要方法。领导者需要常反思自己的行为和想法，了解自己的优点和不足，从而更好地调整自己的行为，相信自己，坚定自己的信念。

七、持续学习

不断学习，提升自我是保持自信心，坚定信念不动摇的关键。因此，领导者需要不断地学习和探索，增加自己的知识和技能，从而不断提高自己的能力和实力。

八、平衡工作与生活

保持内心平衡是达到果敢自信、心定如山的关键。领导者可以试着在生活和工作上维持自己的平衡，给自己留出一些时间休息和放松。

心定如山的心态不是一蹴而就的，需要领导者在工作中不断修炼心性，不断调整自己的心态、思维。当自己的心态更加平和，对事物的认知境界更高，看待事物更加全面，领导者就更能坦然地面对工作中发生的任何事情，并且能够坚定信念走到最后，完成自己最初定下的目标。

第 **6** 章

构建生态：整合多维度的领导资源

高明的领导者都善于处理好团队之间的各种关系，从多维度整合资源，构建团队的资源体系，并将这些资源运用到实际的管理工作中产生资源效益，从而提高管理工作效率和团队整体绩效。

第一节

关系理解：人与人之间的联结

✵

管理学大师彼得·德鲁克曾说，管理中有两大谬误：

第一，错以为要管的只有人。

第二，过度简化管理，错以为把员工管好就行。

实际上，管理的重点不在于"人"，而在于"关系"。管理工作实际上从三个维度进行，第一个维度是领导者的自我管理，第二个维度是对员工的管理，第三个维度是对关系的管理。这三个维度中的关系维度比较难管理，因为关系比较复杂。在管理工作中，领导者不仅需要处理好自己与员工之间的关系，还要处理好员工与员工之间的关系，同时还要处理好自己与上级之间的关系、与同级之间的关系、与客户之间的关系等，更重要的是要处理好与自我的关系。无论处理哪一种关系，前提都是领导者对关系这个概念有深刻的理解，知道关系是人与人之间的联结。

人与人之间的联结主要分为两大类：利益联结和情感联结。

一、利益联结：趋利避害是人类的属性

趋利避害是人类的天性。人们会自发地靠近能给自己带来利益的人和事情。所以，从这个角度看，利益是联结人与人之间关系的根本因素。对于领导者而言，无论是处理哪一种关系，都要善用利益将大家紧紧地捆绑在一起，如图 6-1 所示。

用利益驱动自我

用利益驱动员工

用利益交付上级安排的任务

用利益吸引客户

用利益构建横向关系

图 6-1　利益联结

1. 用利益驱动自我

领导者在处理自我关系，进行自我管理时要善于用利益驱动自己。例如，领导者告诉自己"带领团队创造高绩效的同时自己也能收获更多利益，而且还能帮助个人成长"。

2. 用利益驱动员工

管理的最高境界是利益驱动，领导者应当将员工的工作绩效与报酬联结起来，让员工的付出可以获得相应的回报。这样才能打造真正的利益共同体，才能加强领导者与员工之间的紧密联结。

3. 用利益交付上级安排的任务

领导者工作任务的核心是高效地完成上级安排的任务，更直白、通俗地说，领导者要带领团队实现上级要求的业绩目标，满足企业运转的利益需求。所以，从这个角度说，领导者要想维护好上级关系，做好向上管理，就要努力带领团队创造业绩，用利益交付上级安排的任务。

4. 用利益构建横向关系

横向关系通常指部门与部门之间、同事与同事之间的关系，横向关系的本质其实就是利益关系。这个利益主要是指双方之间能共享的信息、资源，这部分的利益越多，越能帮助双方实现共赢，从而强化彼此之间的关系。所以，领导者在跨部门合作，或者与同级交流时要关注彼此的利益需求，善于用利益构建和谐、友好、合作、共赢的横向关系。

5. 用利益吸引客户

无论什么客户，他们通常都只会为利益买单。所以领导者要想处理好与客户之间的关系，加强与客户之间的紧密联结，就要了解客户的需求并尽可能地满足客户需求，用利益吸

引并留住客户。例如，给客户优惠价格、赠送礼品，这些都是用利益吸引客户的一些较小但有效的举措。

领导者要想妥善地处理人际关系，就一定要让与自己相关的人认识到彼此的利益是相关的。利益联结在一起，人与人就能联结在一起，关系自然就会更加紧密。

二、情感联结：人们更容易被情感打动

利益是人们最根本的需求，在利益得到满足时，人们就会追求情感层面的需求。而且与能带来利益的物质需求相比，人们更容易被情感打动，更愿意与能满足自己情感需求的人联结在一起。所以，领导者在满足他人利益的同时还应学会用情感打动他们，进一步加深彼此之间的联结。

无论处理哪一种关系，领导者在与他人建立情感联结时都要注意以下几点。

1. 强化情感的感染力

领导者要明白，情感的感染力非常强，当我们用积极、充沛的情感面对他人时，他人也会被感染，并以积极、充沛的情感回馈领导者。对于员工来说，他们会更加积极地工作；对于客户而言，他们也更愿意与这样的领导者合作。

2. 全心全意关注他人

这件事看起来很简单，但做起来并不容易，需要领导者花费一定的时间和精力。例如，处理向下关系时，领导者要时刻关注员工的工作，以便及时帮助员工处理问题；面对客户时，领导者要时刻关注客户的需求，以便为客户提供满足需求的服务。

归根结底，领导者要想用情感联结他人，加强彼此之间的关系，就要对他人给予更多的付出和关爱。这个付出和关爱要体现在工作交往中，也要体现在私下里。例如，在工作中关心员工的工作进度，私下里关心员工的生活情况。同理，对其他人也如此。

人与人之间不会平白无故地产生联结，人与人之间的联结一定出于某种目的，通常是我们上面提到的利益和情感，也可能有其他东西。这就需要领导者更进一步理解关系，并不断探寻更多的能使人与人之间紧密联结的方法。

第二节

底层原则：双方的期待是对等的

✷

　　组织发展是组织在不断变化的环境中保持竞争优势的关键，而在这个过程中，整合多维度的资源是不可或缺的环节。多维度资源整合是指从多个角度、多个层面来整合组织的内在资源，通常包括员工资源、同事资源、客户资源、领导资源等。为了实现资源的最大化利用，领导者在整合多维度资源时应遵守一个重要原则——双方的期待是对等的。

　　"双方的期待是对等的"是指领导者在整合各种资源时，不论对方是员工、同事、客户还是领导，都应尊重并理解对方的期待。在双方达成共识的基础上，努力实现共同的目标。这种双方的对等性体现的是双方权利和义务的对等，是双方利益和责任的共享。

一、"双方的期待是对等的"原则的意义

　　"双方的期待是对等的"原则对构建生态型组织具有的意义如图 6-2 所示。

图 6-2 "双方的期待是对等的"原则的意义

1. 有助于提高组织效率

当领导者和员工都明白各自在组织中的角色时，他们可以更加专注于自己的工作，以实现期待的目标。同时，他们也更愿意相互协作、分享信息和资源，以最小的代价实现最大的效益。这种协同效应将使组织整体效率得到显著提升。

2. 有助于实现资源的合理分配

当团队每个成员都明确自己的期待后，他们会更愿意去追求那些与自己期待相符的资源分配。这样既能激励员工更好地发挥自己的潜力，同时也能确保资源在组织内部得到最有效的利用。

3. 有助于提高组织的公平性和效率

当团队每个成员都在相同的期待下努力实现自己的目标

时，组织内部的竞争和合作都会更加公平、高效。这种公平性和效率的提升将进一步增强组织的整体竞争力。

4. 有助于提升组织的发展成就

当领导者和员工共同参与组织的决策和发展规划时，他们的目标和行动将更加一致。这将使组织更有可能实现其长期目标，并在竞争激烈的市场中取得成功。

5. 有助于培养优秀的员工队伍

当员工明确知道自己的角色期待时，他们将有更清晰的工作方向和动力。这将激发他们的工作热情和潜力，使他们更愿意为组织的成功作出贡献。同时，期待对等原则也将使领导者更容易发现并奖励员工的优秀表现，从而提升整个员工队伍的素质和能力。

6. 有助于提升组织和员工之间的互信关系

当员工和领导者都对彼此的期待有明确的认识时，他们更可能在相互信任的基础上开展合作。这种互信关系将为组织带来稳定性和可持续发展。

二、"双方的期待是对等的"原则的实际应用

"双方的期待是对等的"原则在组织资源整合中的应用十

分广泛，对促进资源效益最大化有十分重要的意义。

1. 员工资源

员工是组织最宝贵的财富，他们的期待通常集中在薪酬、晋升机制、发展机会及工作环境等方面。组织对员工的期待主要在于员工的绩效、职业素养以及他们对组织的忠诚度和承诺。这种对等关系体现的是组织和员工之间的互利共赢。例如，组织提供合理的薪酬和福利，同时要求员工做出相应的贡献，实现双赢。

2. 同事资源

同事之间需要相互支持和协作，共同完成任务和目标。在这个过程中，员工对同事的期待是能够尽职尽责、友好合作。反过来，同事们也抱有同样的期待，希望得到他人的支持和认可。这种相互依赖和协作的关系，正是建立在期待对等的基础之上。

3. 客户资源

对于客户而言，他们期待的是高质量的产品或服务，以及良好的客户体验。反过来，组织和领导对客户的期待则是持续的消费和信任，以及对品牌和服务的忠诚。

4. 领导资源

对于领导而言，他们期待的则是员工能够胜任工作，高效完成任务，同时具备良好的团队合作精神。反过来，下级对上级的期待是得到其帮助、资源和辅导等。

善于整合以上资源可以帮助领导者提高资源效率和生产率，促进组织的顺利运转和健康发展。

张经理是一家大型制造企业生产部门的负责人，他需要整合多维度的资源确保生产线顺利运行。为了实现这个目标，张经理运用"双方的期待是对等的"原则开展资源整合工作。

员工资源。张经理对团队的明确期待是保持高效生产，及时解决生产过程中的问题，并确保产品质量。同时，他会为团队提供必要的培训和支持，以帮助他们满足这些期待。

同事资源。张经理需要与跨部门同事进行合作，以确保生产流程的顺利进行。他对这些同事的期待是及时提供所需信息，配合解决问题，并保持沟通的透明度。为了满足这些期待，他会主动为同事提供协助，并始终保持开放的心态与同事交流、沟通。

客户资源。张经理对客户的期待是提供明确的产品需求，按时接收货物，并支付款项。同时，他会主动了解客户的需求和反馈，以改进产品质量和服务。

领导资源。张经理对领导的明确期待是提供必要的资源和支持，理解生产部门面临的挑战，并给予合理的薪酬和福利。为了满足这些期待，他会主动沟通，让领导了解生产部门的情况，同时也会积极寻求解决方案。

通过明确和尊重双方的期待，张经理成功地整合了多维度的资源，使生产部门在竞争激烈的市场中保持领先地位。这个案例表明，在组织发展中，整合多维度的资源并坚持期待对等原则是实现组织目标的关键。

总结来说，"双方的期待是对等的"原则在组织发展中的重要性不言而喻，它既是整合多维度资源的基础，也是实现组织公平、效率和稳定发展的关键。在未来的组织发展中，领导者应该更加重视这个原则，努力在每个资源维度上实现期待的对等，从而推动组织的持续进步和发展。

第三节

自我关系：聚焦自己的核心价值和竞争力

✴

做好管理工作的第一步是处理好与自我的关系，了解并聚焦自己的核心价值和竞争力，因为好的管理往往来自领导者自身的价值和竞争力。处理自我关系主要包括以下几个部分的内容，如图 6-3 所示。

图 6-3　处理自我关系

一、自我认知：明确自己的核心价值和竞争力

作为卓越的领导者首先要对自己有清晰的认知，明确自己的核心价值和竞争力。大多数领导者认为自己非常了解自己，其实不然。领导者更多时候可以从犯过的错误中看到自己

的弱势，但他们很少认真分析自身的核心价值和竞争力。明确
自身的核心价值和竞争力可以帮助领导者最大化发挥领导者的
潜能，助力团队获得更好的发展，所以如何分析自身的核心价
值和竞争力成了摆在领导者面前的重要课题。

一些卓越的领导者通常会采用回馈分析法来确认自己的
核心价值和竞争力。

回馈分析法是指领导者在准备做一件事情之前，记录自
己对结果的期望，在事情完成之后，将实际取得的结果与期
望结果进行对比，通过比较，领导者可以发现什么事情自己
做得很好，自己哪方面的能力比较突出。这种方法适用于每
次做重大决策或采取重要行动时。通过持续不断地记录、对
比，领导者可以更深入了解自己，明确自己的核心价值和竞
争力。

当然，回馈分析法并不是唯一可以帮助领导者明确自己
的核心价值和竞争力的方法，领导者可以积极探索、寻找其他
方法，总之要关注自己、了解自己，最大化地挖掘自己的价值
和竞争力。

二、自我聚焦：集中精力发挥自己的核心价值和竞争力

明确自身的核心价值和竞争力后，领导者要集中精力发
挥自己的核心价值和竞争力。领导者要明确自己擅长哪些方面

的事情，在哪些领域可以发挥自己的优势，然后带领团队成员出色地完成任务，创造高绩效。

为了最大化发挥自己的核心价值和竞争力，领导者要做好以下几项工作。

1. 建立自己的愿景和使命感

一个卓越的领导者往往会有远大的愿景和强有力的使命感，这样更容易帮助领导者激发自身的潜能，发挥优势。

2. 培养自我意识

领导者要将自我意识贯穿整个管理工作中，要更深入地了解自己的优点和缺点，找到适合自己的领导方式。

3. 做自己擅长的事情

人只有在做自己擅长的事情时才能最大化地发挥自己的潜能和优势。同样，领导者在带团队时也要选择以自己擅长的方式，尽可能发挥自己及团队的优势，实现价值最大化。

优秀的领导者关注的不是自身的错误，而是自己的核心价值和竞争力，并将这些变成自己的生产力。只有这样，领导者才能成就自己，成就团队。

三、自我管理：不断提升自己的核心价值和竞争力

在自我认知和自我聚焦环节，领导者不仅可以了解自己的核心价值和竞争力，还可以了解到自己的劣势和存在的问题。所以，要想成为更加优秀的领导者，要做好自我管理，不断改进问题，学习新的知识，不断更新自己。

领导者在进行自我管理时应当学习并做好以下几件事。

1. 时间管理

对于日理万机的领导者而言，时间是非常宝贵的资源，同时也是影响其开展工作的一个重要因素。领导者只有合理规划时间，才能更出色地完成每一项任务，发挥自己的价值。建议领导者根据每天、每月的任务做好时间规划，而且要根据事情的轻重缓急来分配时间。

2. 情绪管理

领导者的情绪不仅会影响自己能力的发挥，还可能会给团队成员带来负面影响。所以，领导者要做好自我的情绪管理，尤其在面对难题产生巨大压力时，一定要学会采取措施帮助自己缓解压力和负面情绪。

3. 知识、技能管理

领导者的核心价值和优势离不开其专业的知识和技能，

因此领导者要不断更新自己的知识库。可以利用业余时间在线学习专业课程，或者参加线下讲座。

领导者在管理员工之前，一定要学会自我管理，学会聚焦自我，提升自我，这是做好管理工作的前提，更是带好团队的前提。

第四节

向下关系：工作中立规矩，私下里讲感情

❋

系统组织理论创始人、现代管理学之父切斯特·巴纳德（Chester. Barnard）曾提出"权威接受论"，该理论指出领导者的权威不是来自上级授予，而是来自下级的认可。上级可以赋予领导者权力，无法授予领导者威信。而且只有当下级愿意跟随领导者，愿意接受领导者的指令、安排时，上级赋予的权力才能生效。所以，归根结底来说，领导者的权力是下级授予的。从这个结论看，领导力不是单方面存在于领导者身上，还存在于领导者与员工的关系中。所以，领导者要想开发隐形领导力，就不能单纯着眼于领导者，还要注重构建向下关系，争取获得员工的理解、认可和追随。

在向下关系中，领导者的核心职责是对员工负责，给予员工需要的关心和呵护。这些体现在实际的工作中，就是领导者要在工作中立规矩，在私下里讲感情。

一、工作中立规矩

维护向下关系，做好向下管理的根本目的是让员工按照

要求或更出色地完成工作任务，从而提升团队绩效。基于这个目的，领导者在维护向下关系时首先要在工作中立规矩，让员工做正确的事。

通常，领导者可以按照图 6-4 所示的几个步骤立规矩。

定好标准并对齐标准

定好"保险丝"

让团队成员公开承诺

调整队伍

图 6-4　立规矩的步骤

1. 定好标准并对齐标准

对于任何一项工作，领导者都必须定好工作标准并对齐标准。领导者具体应做好三件事：第一，向员工说明为什么会制定这样的工作标准。第二，明确告知员工标准动作，例如，如何执行、什么时候执行等。第三，告诉员工违背工作标准做事会有什么后果。一般建议前期采取较温和的、轻松的小惩罚，例如，违反工作标准的员工帮其他人买早餐；后期可以根据规矩情况，制定相应的惩罚措施。

2. 定好"保险丝"

定好"保险丝"是指除基本的工作标准外，领导者还要给团队立一个容易落地、容易达成的小规矩。这样可以以点带面调整团队的状态，树立领导威信。定"保险丝"时要注意，小规矩的难度不宜过大，执行要简单，否则容易导致团队所有人都犯规，这样规矩就失去了意义。例如，针对员工不主动汇报这个问题，领导者可以定规矩，"如不主动汇报工作，每周要写一篇工作总结并抄送整个部门"。

3. 让团队成员公开承诺

定好工作标准和规矩后，领导者要让团队所有成员都公开承诺，例如，"我愿意遵守这个工作标准、规矩，一旦违反，我愿意接受惩罚"。甚至可以让大家立军令状，然后将军令状挂在办公室最显眼的地方。因为越公开表态，让越多的人知道，员工就越容易坚持下去。

4. 调整队伍

对于团队中不守规矩且指出后拒不改正的员工，领导者要对其进行调离或劝退，避免浪费管理资源。这也是立规矩的关键一环。

工作中立规矩的形式及立规矩的内容有很多，领导者应根据组织性质、团队具体情况制定工作标准和规矩。

"无规矩不成方圆"，管理人其实就是立规矩，定制度，所以领导者还应掌握这个管理秘诀。

二、私下讲感情

在向下关系管理中，做好情感管理至关重要。精明的领导者会找机会拉近与员工之间的距离，关心他们，鼓励他们，在团队中营造融洽、和谐的氛围。

1. 关心员工工作中的情绪问题

员工在工作中难免会遇到困难，产生负面情绪，对此，领导者可以私下询问、关心员工。例如，"最近的绩效成绩都不是很好，是不是遇到了不开心的事情""最近关注到你的心情不是很好，是在工作上遇到什么困难了吗"

2. 关心员工的生活

领导者不能紧盯员工的工作和绩效，应在私下里多关注员工的生活。例如，对于哺乳期的女性员工给予优待，比如可以允许其申请提前半小时或一小时下班。

要构建良好、紧密的向下关系，创造一支高绩效团队，领导者不但要具备科学的经营管理理念、理性的思维方式，更要注重员工的情感需求，给予员工需要的关心和呵护。这样更容易打动员工，让员工心甘情愿地付出。

第五节

向上关系：适时诉苦，适当求援

✸

向上关系管理是指领导者要处理好与上级之间的关系，实现双赢。要实现这一点，就要求领导者要懂得适时诉苦，适当求援。

一、适时诉苦

部分领导者在工作中会出现这样的片面认知，他们认为，只有出色地完成工作任务，在上级面前展示一个完美的自己，才可以成为一个出色的领导者。但事实并非如此，卓越的领导者往往懂得适时诉苦，展示那个不完美的自己。

领导者向上级诉苦时也要选择合适的时机，这是因为时机不合适的话，将很难打动上级，而且反而很可能让上级对这件事的决定更坚定、明确，不愿意给你第二次机会。

某部门主管张华和女朋友住的距离比较远，平时工作忙，没有时间见面，所以基本都在周末见面。某周六，张华与女朋友约好见面时间和地点，刚出门就接到上级的电话。上级说："手头有一个紧急的任务，你赶紧到公司处理一下。对你来说，这是一个锻炼自己的机会，你们年轻人就要多锻炼，提升工作能力。"这样的事情经常发生，几乎将张华的休息日变成了工作日。但为了工作，为了更好的发展，张华有苦不能言，只能推掉与女朋友的约会，急忙赶去公司处理工作任务。

事后，张华因表现优秀得到了上级表彰，上级非常高兴，还特意叫张华到办公室当面夸奖一番。张华立刻抓住时机，道出了自己的苦衷。结果领导非常高兴地说："很抱歉，我没有顾虑到你个人的需求和感受，今后一定会提前跟你协商，工作要做好，个人生活也要过得幸福，这两者要相辅相成。"

俗话说"识时务者为俊杰"，领导者要想一次诉苦成功，就一定要找到合适的时机。通常，以下几个时机比较适合。

1. 上级心情比较好时

人心情好的时候更容易接受其他人提出的想法、意见，所以领导者要善于观察上级，可以在上级心情好的时候诉苦。

2. 上级主动找自己谈话时

上级主动找自己谈话并强调可以畅所欲言时，也可以把握这个时机诉苦。

3. 个人取得某个成就时

这个时候上级的心情会比较好，对领导者的认可度和包容度更高，是领导者表达自己难处的好时机。

领导者向上级诉苦时，除了要把握时机，还要采用中肯的语言。无论领导者有多大的苦衷，都不要贸然对上级指手画脚、大吼大叫，这样只会让上级认为你是有意推诿或故意和他对着干。正确的做法应当是心平气和、语言中肯地阐述事实，描述细节，表明感受，让上级真切地感知我们的苦衷。

二、适当求援

在工作中你是否遇到过以下情况。

为了不被上级认为处理问题的能力不强、对上级的依赖性过强、能力不足等，遇到任何事情都自己扛着，绝对不会跟上级沟通、反馈。明明向上级求援 10 分钟就能解决的问题，自己埋头苦干一个星期。

但你的同事与你的做法刚刚相反，碰到依靠自己的能力无法解决的问题时，他会主动、积极向上反馈、求援。

事后，上级的确认为你有独立处理问题的能力，对上级的依赖性不强，但上级只会认为你努力，并不会认为你是一个优秀、聪明的人，因为你的行为反而降低了工作效率。对上级而言，他们只会为你的结果埋单，而不会为你的努力埋单。

为何会出现这种跟我们预期不一致的情况呢？这是因为我们仍然站在自己的角度思考问题。我们现在换位到上级的角度，看看上级是如何理解下属的求援行为的。

有人曾向一些上级提出这样的问题"你最想改变下属的什

么行为来提升绩效"。

大多数上级的回答是,"我希望他们在面对困难时能早点来寻求我的帮助"。

所以,卓越的领导者在遇到一些问题的时候,不会自己埋头苦干,而会积极、主动向上级求援,懂得合理利用上级的资源。这是提升工作效率,提升绩效的方法,更是向上关系的核心。

但要注意的是,不能遇到任何问题都向上级求援,也不是任何问题都会得到上级的支持和帮助。通常,领导者在遇到自己能力之外、非常紧急的问题时,要及时、主动向上级反馈,请求上级的支援。这个时候上级也会尽全力给予支持和帮助。反之,一些能力范围之内或者努力就能解决的问题,领导者要自己积极处理、解决。

第六节

横向关系：理解并对齐彼此的动机和资源

✵

通常，管理工作都会涉及大量横向关系，这是组织的结构和管理流程所决定的。所以，一个卓越的领导者除了能和上级与下属愉快合作，还能运筹帷幄管理好自己权力管辖范围之外的工作伙伴，处理好那些微妙的、不易被觉察的横向关系。领导者如果没有处理好与他们之间的横向关系，会使工作中的一些事情事倍功半，甚至完全失败。

在我的工作生涯里有一件事令我印象非常深刻。王翀是一位受人尊重的技术专家，一个偶然的机会，他发现可以对公司现有的某项产品进行改进，让这一并没有商业用途的产品应用于相关商业领域，获取利益。该技术的成本仅为当时其他商业设备的几分之一，我作为技术中心的经理很赞同他的技术思路，佩服他的工作激情。于是我对这个项目的经济可行性进行财务分析并请示了公司领导，同意他在其后的 2 个月内用一半时间与工程人员、营销人员和生产人员进行通力合作，以便开发新产品样机。

王翀带着前所未有的热情投入了这个项目的开发工作。最初的市场调查表明该市场利润丰厚，因为没有竞争产品。但是好景不长，很快他就碰到了麻烦。工程部的一位负责人打电话跟我说，参加此研究项目的一位工程师在这个项目上花费的时间太多，无法兼顾其他重要且时间很紧的工作，所以很遗憾不能让他继续参与了。我向公司领导汇报，希望帮我协调一下，没想到公司领导却指责我在这个项目上给予王翀太大的自由度，花费的时间太多，耽误了技术中心其他工作。

随后又发生了一件更严重的事。当天下午4点，公司主管市场的副总通知我，营销部门有人根据最新销售数据重新作了市场潜力分析，这个项目最新预测的市场规模只有原先预计的1/5。根据这个最新情况，公司要求我必须停止这个项目。得知这个消息后王翀很愤怒，在投入了如此多的时间和精力之后，他非常理智地认识到该项目十分重要，而且从感情上也无法割舍。第二天一大早他就递交了一封辞职信。

2个月后，一位在公司搞程序开发的同事无意间向我透露了一个消息：销售部的一位主管在王翀的项目中止前3周得知该项目的具体情况，这位主管很不看好这项创新技术，主要原因是销售这种设备需要熟悉相关商业采购流程，而这正是销售部门的弱项。所以，他让一名部下炮制了一些很不乐观的市场前景数据，并将其上报给营销部负责人。

我在得知事情的真相后，认真分析了背后的问题，总结出我作为技术中心经理在管理上的不足。我忽略了王翀的工作特点是喜欢单打独斗，在技术上主要靠自己，与其他部门的人没有多少联系，基本上是由个人独立完成。但是仅凭他个人是无法完成这个项目的，这个项目需要大量重要的横向依赖关系，他必须依靠工程人员、营销人员、生产人员和财务人员的帮助，而王翀对这些人没有正式的领导权。他需要我的帮助，帮助他协调好一些可能导致项目夭折的高级管理人员的关系。

这个项目的失败让我深刻认识到组织中横向关系的重要性。不仅如此，在横向关系中我们还要懂得理解并对齐彼此的动机和资源，既要从横向中获得资源和利益，也要懂得满足对方的需求。我和王翀都没有做到这一点。

所以，卓越的领导者除了管辖自己权力范围之内的组织关系，还需要处理好外部的横向关系。领导者可以按照图 6-5 所示的步骤处理横向关系。

图 6-5　处理横向关系的步骤

一、觉察横向关系

　　如果一项工作中存在复杂的横向关系，领导者要想高效管理，首先是要能够敏锐地觉察这些关系的本质。

　　由于种种原因，横向关系往往很难察觉。这主要是因为横向关系与上下级关系不同，在组织结构图或工作说明中很少会标明各种横向关系中权责以外的人际关系。此外，与权力控制范围内的各种关系相比，横向关系具有更大的不稳定性和多变性。

　　解决这个问题首先需要领导者不断地观察工作中未来可能涉及哪些合作关系，这又要求领导者对工作的进度、未来的工作任务、完成这些任务需要哪些人的配合和资源，以及谁会对此采取抵制态度等有着敏锐的觉察。因为一个人对组织的未来局势发展不可能有全面准确的预测，所以解决这些横向关系问题需要十分慎重，否则很容易在不经意间破坏与那些将来可能要与之合作的人的关系。

二、分析横向关系

　　对于领导者来说，一旦准确地找出了相关的横向关系，下一步就是分析影响横向关系的本质。

　　我曾任职于一家公司的某个事业部，主要为客户提供无源电子器件。某年夏天，该事业部的所有部门都卷入了一场内讧，人们相互指责。生产部认为销售部只关心销售量，不惜以牺牲公司的利益来迁就销售商。销售部则认为生产部保守，不愿意承担风险，对顾客的服务要求置之不理。我当时担任公司的常务副总经理，要处理这场内讧，我认为关键是要弄清楚人员间的差异性如何导致了内部冲突，以及哪些重要的正式及非正式因素导致了这些差异性。

首先，我们意识到该事业部各部门之间的差异是由组织结构造成的。当只要求员工完成销售额时，他们自然会更加关注与该指标相关的要求和问题，对与其他指标相关的问题就不会那么在意。其次，从该事业部正式颁布的考核与激励制度看，各部门的绩效目标不同。销售部的考核指标是销售量，生产部的指标是毛利，营销部的指标是市场的增长和利润率。最后，该事业部专业化的选拔和晋升制度使得每个部门的员工特点都与其他部门的有很大差异。

这些差异就是导致横向关系中产生矛盾、冲突的关键。我们竭尽全力花了大半年时间找到了这些关键点，然后针对性调整不同部门的管理方式、制度等，并且鼓励跨部门沟通、交流，让他们彼此深刻认识彼此的工作、职责，互相了解、理解，尽可能降低不同部门之间的矛盾和冲突。

三、选择和实施应对策略

在对横向关系有了敏锐的觉察之后，领导者下一步要做的就是选择和实施能够解决这些问题的策略。

职业经理、专业人士和技术专家在这方面最常用的策略就是建立关系。也就是说，与相关各方建立良好的人际关系，然后利用这种关系进行沟通、教育或谈判，以减少或克服大部分阻力。在实际的管理行为中，我们会发现通过这种方式改善、构建良好的人际关系，远远比利用组织架构的权力来打通关系更利于促进管理工作。

事实上，还有很多方法都可以用于建立和保持良好的工作关系，最常用的一种方法就是设身处地替对方着想，满足对方的部分愿望和要求。一段时间之后，对方自然会信任我们，更加认真地倾听我们的观点和建议，并且会积极满足我们的需求，以此回报我们。当然在有些工作中，横向关系结构可能会导致一方对另一方采取强硬的甚至顽固的抵制态度。在这种情况下，领导者就需要采用更复杂或更强有力的方法，尽管这种做法有一定的风险。总而言之，处理横向关系并没有固定的策略和方法，领导者应当根据实际的关系和对方采取的策略随机应变，最终的目的是能够互相分享资源，实现共赢。

第 **7** 章

有效激励：唤醒潜力的领导能量

员工的工作成果和工作过程中的能力表现不仅取决于其才能和相关知识体系，还取决于激励作用下其能够发挥出的行为中的潜能。大量管理实践表明，工作中受到激励的员工往往比未受到激励的员工更积极、更出色地完成工作任务，并不断提高工作业绩。所以，卓越的领导者都会积极建立并且不断完善激励制度，善于采取相应的激励措施唤醒员工潜力，将蕴藏在员工身上巨大的积极性和创造性充分发挥出来。

第一节

逻辑顺序：有效激励的逻辑与技巧
❋

激励被认为是"最伟大的管理原理"，是指领导者通过各种方式激发、引导员工的行为，通过改善员工的行为进而更加有效地实现团队和员工个人的目标。从行为角度来看，激励属于心理学范畴，是持续激发动机的心理过程，是不断提升行为源动力的催化剂。团队成员被激励水平越高，越能努力完成目标，工作效能就越高；反之，被激励水平越低，员工缺乏完成组织目标的动机，工作效率就越低。因此，一个优秀的领导者一定要掌握有效激励员工的方法和手段，有不断提升和强化唤醒员工行为源动力的能力。

万事万物都是按照内在机制运行，遵循一定的逻辑。如果能够找到事物的本质并清楚其内在的逻辑并遵循逻辑去做事，那么就能取得事半功倍的效果。激励也是如此。有效激励遵循一定的人性的本质和逻辑，讲究一定的技巧。

有效激励的逻辑顺序与技巧如图 7–1 所示。

先我后他　　　　　　　　　　先要后到
先心后智　　　　　　　　　　先保健后激励
先激励后约束　　　　　　　　先正后负
先激后励　　　　　　　　　　先激励后凝聚
先制度后艺术　　　　　　　　先分后合

图 7-1　有效激励的逻辑与技巧

一、先我后他

先我后他是指领导者要先学会自我激励，然后再激励员工。卓越的领导者往往具有非凡的自我激励能力，他们始终坚信只有通过不断地自我激励才能达成目标。而且，只有在自己取得成功的基础上，激励员工才更有效。这是一种榜样激励。

领导者的自我激励主要是指领导者善于洞察自身的问题、工作状态等，并且善于采取相应的措施激励自己，使自己始终能够以积极的心态、顽强的意志、惊人的毅力、充沛的精力、必胜的信念来面对工作，带领团队实现目标。

领导者进行自我激励时，这种积极、正面的能量能够感染员工，影响他们的行为。因为领导者的自我激励所带来的自我行动必然会影响员工，大部分员工会自觉、自愿地追随领导者，并且会像领导者一样积极、自信地面对工作中的难题。这个时候，如果领导者再采取相应的措施激励员工，那么将会发挥更大的激励效果。

先我后他是两个激励主体的结合，是两个主体互动的一个过程。在这个互动过程中，领导者与员工本质上是在互相激励。

二、先心后智

先心后智是指领导者要先采取措施激发员工的内心，使他们对工作产生热情、信心、勇气、激情、兴趣、动机等，然后再采取措施激发员工的智慧、才能。

过去，传统模式下的领导者认为激励员工就是采取一些措施调动员工的积极性，让员工愿意干、想干。这些措施属于心理层面的激励。但在竞争激烈的时代，为了提升组织的竞争力，领导者还要注重"智"方面的激励，让员工能干，创造性地干。

例如，领导者可以采取关爱、尊重等激励方式激发员工的热情、积极性，然后采取目标、晋升等方式激发员工的智慧、才能。

先心后智是两个激励任务的结合。领导者要将心、智结合起来，做到"先攻心再攻智"，且重点放在对智的激励上面。这样才能更全面、深入地激发员工的潜力。

三、先激励后约束

员工需要激励，也需要约束，这样才能强化员工的正确行为。如果约束在前，且约束较多，就容易让员工产生"激励都是假的，领导主要就是为了约束我们"的误解，激励效果也会大打折扣。所以，有效的激励应当将激励与约束结合起来，且一定要激励在前、约束在后，而且激励要多一点、约束要少一点。

先激励后约束是两种激励技巧的结合。在对员工进行激励时，领导者一定要秉持"用人不疑"的心态，要善于用信任、情感激励员工，例如，"以你的实力，我相信你完全胜任这个项目且一定能够取得出色的成绩"。在对员工进行约束时要带着"用人要疑"的心态，对员工进行约束、控制，例如，"这个项目必须按期交付，且顾客满意度要达到 85% 以上"。

这里的"用人要疑"是疑事而不是疑人。正如我们在第一章提到的，领导者要具备质疑的精神，这样才能看到工作中存在的问题并及时解决问题，提升组织效能。

四、先激后励

激与励实际上是两个不同的概念，激在行为之前，励在行为之后。先激后励是有效激励的基本原则，指激发员工的行为之前先激发员工的动机和动力。

先激后励是两个激励阶段的结合。激是有效激励的第一个阶段，主要解决的是动力问题，让员工想去干，有热情去干，也就是用目标和愿景激发员工的动机；励是有效激励的第二个阶段，指员工干得好要给予评价和反馈，也就是在员工出色地完成工作任务时可以用发奖金、晋升等方式给予奖励。

先激后励的激励逻辑是"激在前、励在后"，但重点是励，励做得好，员工的内在动力就能被激发。

五、先制度后艺术

先制度后艺术是指有效激励的重点在于制度的建立，即要先建立一个完善、合理的激励制度，然后再运用激励艺术提高激励效果。激励艺术是指激励的方式，包括情景激励、情感激励、成就激励、荣誉激励等。

制度是行为管理的基础，首先对行为结果有规范化的约束，在有约束的前提下，基于实践应用场景用灵活的管理手段予以激励，这才能称得上"管理艺术"。

激励的效果取决于激励制度和激励艺术二者的结合，重点在于制度。激励艺术的效果往往是有限的，如果没有一个完善、合理的激励制度，或者制度过于落后，那么即便激励艺术成熟、高超，激励效果也难以得到保障。

六、先要后到

先要后到是指激励员工时，领导者要先考虑员工的需要，了解员工需要什么样的激励，员工的价值取向是什么，然后再考虑员工的能力，衡量员工能否实现目标，满足自身需求。这两者相结合才能实现有效激励。

不少领导者会从自身的角度设计激励制度，但在执行过程中会发现，员工对一些激励措施并不感兴趣并且能力也远远达不到，不认为自己可以获得奖励。这就是无效激励。无效激励的产生主要就是领导者在制定激励制度体系时忽略了对象（一般性员工）的个性化和一致性需求，而是站在所谓"组织"的视角，事实上这样的组织往往体现了制定者的个人主观认识。有效激励一定是员工对激励内容有强烈的意愿，激励的内容能够满足自身的需求和追求，并且认为自己能够实现目标，获得奖励。

七、先保健后激励

知名心理学家弗雷德里克·赫茨伯格 (Frederick Herzberg) 曾提出"双因素理论"，也称"激励—保健理论"。该理论是指对人的积极性发生作用的因素可分为激励因素和保健因素两大类。激励因素是指能够促使人们产生工作满意感的因素，包括工作兴趣、成就感等；保健因素是指促使人们产生不满意的因素，与工作环境和条件有关，如工作制度、同事之间或上下级之间的人际关系等。领导者要想激发员工的热情和干劲，就要先对员工进行保健，消除容易引起员工不满意的因素。由于满足保健因素也只是消除员工的不满情绪，只能让员工维持工作现状，无法激发员工的积极性，所以领导者还要在保健的基础上对员工进行激励。

例如，为员工提供舒适、温馨、安静的办公环境，在此基础上设置内容丰富的奖励措施，如奖金、晋升、带薪假期、带薪旅游等。

保健与激励应互相结合，交替进行，而且重点要放在激励上面。从组织发展角度来说，领导者要对组织中的大多数人力进行保健，对少数贡献价值较大的人才进行激励。这是一种有效的激励方式，更是一种激励艺术，能够在一定程度上保障组织的人力资源有序、健康地发展。

八、先正后负

先正后负是指领导者要先对员工进行正激励，积极激励员工，给予员工激情、动力、自信、梦想等，对员工的行为进行正面强化；然后还要对员工进行负激励，即通过批评、处罚等强制性的方式，对员工的错误行为进行控制、约束，让员工警惕、忧患、反思，杜绝某类行为发生。

先正后负是两个激励方向的结合，重点是正激励。正激励属于领导艺术范畴，负激励属于管理范畴。正激励更多产生的是吸引力、推动力，负激励更多产生的是排斥力、抵触力。虽然两种激励方式产生的领导力不同，但是方向一致，都能促使员工完成工作任务。所以，将两者有效结合起来才能产生更好的激励效果。但要注意的是，人们天性不喜欢负面的事物，因此激励的重点还是应放在正激励上，并且要把握好负激励的度。否则，只会适得其反，降低整体的激励效果。

九、先激励后凝聚

激励通常会造成分力，因为能够被激励的往往是部分员工；凝聚能形成合力，集合团队全部成员的力量。对于团队而言，需要的是大家拧成一股绳的合力。所以，激励和凝聚要结合使用，并且要先激励后凝聚。

举个例子，领导可以这样说："在本次项目中，张三、李四、王五 3 名员工表现突出，根据之前制定的奖励制度，这 3 名员工可以获得 1 万元奖金，同组的其他成员每人奖励一个大红包，会后到我这里来领。在以后的工作中，希望大家能够互相学习，互相帮助、协作，希望下一次可以看到更多的人获得奖励。"

为什么要先激励后凝聚？因为如果缺少激励措施，那么领导者将团队成员凝聚在一起也难以形成较强的合力。反之，如果缺少凝聚，那么领导者再怎么激励个体的潜能，这些个体也无法凝聚在一起形成合力。这种情况下，由于不同个体的主观愿望不一致，组织内部很可能出现不和谐的问题，而且组织合力低会严重影响组织的整体绩效。所以，只有将激励和凝聚结合起来，且先激励后凝聚，才能确保激励效果，团队才能高效地开展工作。

十、先分后合

先分后合是指先进行个别激励再进行综合激励。先分后和的激励逻辑有两层含义。

第一层含义是指激励对象的先分后和，即先激励个体，后激励群体。新时代，员工的个性化、多元化追求越来越明显，所以领导者要先采取相应的激励措施激发个体潜能，然后再采取措施激发整个群体的潜能。这一点和我们前面介绍的先激励后凝聚有异曲同工之妙。

第二层含义是指激励内容的先分后合，即先单一激励，后综合激励。在某一特定时刻对某一特定对象的突出表现进行单一内容的激励，可以有效满足员工的激励需求。随着时间的推移，员工的需求会变得更多，因此领导者的激励内容也要发生相应的变化，要从单一激励转变为综合激励。例如，员工出色地完成一个项目则可以获得一定的奖金，而在年终的时候公司又可以根据员工的全年表现从年终奖、晋升、带薪旅游等方面对员工进行综合激励。

　　以上几种激励的逻辑和技巧是领导者在对员工进行激励的时候应当遵循并要善加运用的。知名心理学家威廉·詹姆斯 (William James) 通过对员工激励的研究发现，在按时计酬的工作制度下，一个人要是没有受到激励，仅能发挥能力的20%~30%；如果受到正确的、充分的激励，就能发挥能力的80%~90%，甚至更高。掌握有效的激励逻辑与技巧是领导者对员工进行正确的、充分的激励的基石，在此之上可以灵活地采取各种激励措施来唤醒员工潜力。

第二节

平衡激励：虚和实、正和负、重点和一般

平衡激励更具有平衡性，主要是指将虚激励与实激励结合、正激励和负激励结合、重点激励和一般激励结合，促使员工高效地完成工作任务。具体如图 7-2 所示。

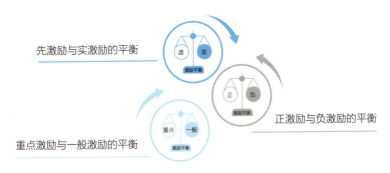

图 7-2 平衡激励

一、虚激励与实激励的平衡

虚激励与实激励是两个相对应的概念。虚激励是指领导者对员工精神层面、心理层面的激励，包括鼓励员工或赞扬美员工的行为（公开表扬、通报、宣传材料）。实激励是指组织对员工给予物质上、经济上的奖励，例如晋升岗位、发放奖金

等。知名社会心理学家亚伯拉罕·马斯洛（Abraham. Maslow）曾根据人类需求特点提出需求理论，他将人类需求分为五个层次，从低到高依次为生理需求、安全需求、归属需求、尊重需求、自我实现。前两种需求属于"实"方面的物质需求，后三个需求属于"虚"方面的精神、心理层面的需求。当人们某个层次的需求被满足后，他们就会自发追求更高层次的需求。新时代的人们既有物质方面的需求，也有精神、心理方面的需求，因此领导者要将虚激励和实激励相结合，平衡虚激励与实激励。否则，激励的效果就会降低，甚至会起到反作用。

领导者要做到虚激励与实激励的平衡，就要把握以下几点。

1. 认清团队成员的差异性

团队成员的需求是不同的，有人追求物质方面的实激励，有人追求精神、心理层面的虚激励。而且即便是同一个员工，随着时间、环境、心态的变化，他们的虚实需求也会发生转变。因此，领导者应当结合员工的实际情况选择激励措施。

2. 认清团队员工的类型

领导者应根据员工的类型采取针对性的激励措施。例如，对于短期雇员或者缺乏技能且工资较低的员工应主要采取物质方面的实激励。对于薪酬水平比较高、工作能力突出的员工应主要采取精神、心理层面的虚激励。

3. 处理好主动激励与被动激励之间的关系

激励不是被动地去满足员工的需求，也不是被动地去寻找员工虚实需求的结合点。真正有效的激励是领导者借助各种方式、手段影响员工的需求，改变虚实结合点。例如，领导者通过心理层面的激励让一向追求物质需求的员工开始追求精神层面的需求，在虚实两种需求同时得到满足的情况下，员工的表现会更加积极、主动。

总而言之，虚激励和实激励的本质是夯实物质基础，做足精神文章。

二、正激励与负激励的平衡

我们强调有效的激励方式应遵循先正激励后负激励的逻辑。有效的激励不仅要注意先正后负的激励逻辑，还要做好正激励与负激励的平衡。

在实际的工作中，如果只有正激励没有负激励，那么很可能造成员工的约束力比较差，甚至会出现一些不合规的行为；如果只有负激励没有正激励，那么很可能会造成员工丧失行为动力，失去工作热情。另外，我曾调研分析正激励与负激励平衡的组织，发现员工的积极性越高，忠诚度也就越高。所以，领导者在采取正激励和负激励这两种形式的激励措施时，

一定要平衡使用，两手都要抓。

在实际的管理工作中，领导者要做到正激励与负激励的平衡，就要做到以下几点。

1. 激励制度公开、透明

孔子曾说："不患寡而患不均。"这句话的大意是，人们不担心社会财富少，而应担心社会财富分布不均匀。这句话同样适用于员工激励。很多员工并不会因为没有受到正激励或者受到负激励而产生负面情绪，但通常会因为不公平、不透明的激励机制而产生抵触心理。尤其是受到负激励时，如果没有公开、透明的制度，员工很可能会认为是领导者故意针对自己。为此，领导者应当制定公开、透明的激励制度并严格按照制度执行。

2. 以正激励为主，负激励为辅

正激励与负激励平衡，并不是说一半正激励一半负激励。因正激励对员工的激励作用更明显，负激励使用过度容易造成员工积极性下降，故真正意义上的正激励与负激励平衡应当做到正激励为主，负激励为辅。很多管理者由于忽略了这个原则，建立了过多的惩罚性措施，造成员工的逆反心理，反而会价低正激励的有效性。

正激励与负激励的平衡水平是衡量领导力的一个重要指标。有效激励就是不断完善正、负激励，不断修正平衡激励来激励员工的积极性，保证组织活力的。

三、重点激励与一般激励的平衡

重点激励与一般激励有两层含义。

第一层含义：根据激励的环节和激励的过程划分重点激励与一般激励。领导者的时间和精力有限，很难做到时时刻刻对员工进行激励。因此，有些领导会在工作中的关键环节或一些重要场合对员工进行激励。这就是重点激励。一般激励是指领导者将激励措施贯穿于自己的整个职业生涯，从事了多少年的领导工作就做多少年的激励工作。从激励的效果看，领导者应当将更多的时间和精力放在重点激励上。因为事情的关键节点往往对事情的成败影响巨大，有效激励可以促进员工成功地完成工作。建立了激励的层次结构能够使管理者在运用激励措施时更加强化其针对性和有效性。这里特别强调的是激励对象的重点选择与时机的关键选择。

第二层含义：从被激励的个体和被激励的群体划分重点激励与一般激励。如果激励的对象是组织的所有员工，那这就是一般激励。如果激励对象是某个团队、某个特定对象、某件具体的事情，那这就是重点激励。从效果看，领导者应当将更多的时间和精力放在重点激励上。这样更容易激发某个特定对象、群体的潜能。

总结来说，重点激励其实就是激励"千里马"和"领头羊"，而一般激励是激励默默无闻但努力工作的普通马。对团队来说，千里马和领头羊都是团队发展的核心资源，他们有榜样效应。因此领导者要做好重点激励和一般激励的结合。同时，领导者要将重点放在重点激励上，这样更容易形成差异，能够提升激励的效果。

第三节

情景激励：构筑激发潜能的四组边际情景

从管理行为学的相关研究表明，正常情况下，人只能发挥不到 50% 的潜能，要使人充分发挥自己的潜能就必须把人置于一种边际情景之下。比如，古时候，将军要想激发士兵的潜能，会背水列阵，将士兵们置于非生即死的边际情景中，使士兵不得不奋勇迎战，打出胜仗。再比如，运动员通常在世界级比赛或较大型的比赛中更容易打破纪录或创造更优秀的成绩，这也是因为他们被置于得与失或荣与辱的边际情景中，要么得冠军被人记住；要么成绩平平，无人问津。所以，领导者要想将员工的潜能最大限度地发挥出来，就要善于为员工构筑边际情景，用边际情景激励员工。

求生、求升、求荣、求得是人的本能和天性，人们被置于非生即死、非升即降、非荣即辱、非得即失的边际情境之中，才会本能地积极奋发努力，使潜在的能力显现出来。所以，领导者可以通过构筑这种边际情景激发员工的潜能，如图 7-3 所示。

在实际工作中，非生即死主要是指继续留在公司与被公司辞退；非荣即辱主要是指获得成就与被惩罚；非得即失主要

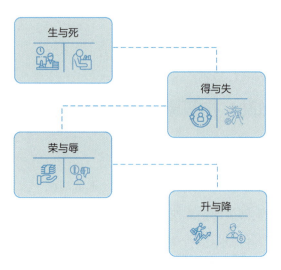

图 7-3　充分激发潜能的四组边际情景

是指得到奖励与被批评；非升即降是指升职与降职。如何在实际工作中发挥四组边际情景的激励作用呢？

　　在实际的管理工作中，领导者可以通过制度、工作规范等方式事先约定可以继续留任、得到表扬和奖励、升职的方式，与之相对则是辞退、批评、惩罚、降职。这种做法就是明确边际情景，让员工自己选择。假如员工完成了 5 个重点项目，且为公司创造了 20 万元的价值，那么就可以获得晋升。反之，如果员工业绩平平且工作中经常出错，那么员工不但无法晋升，还可能被降职。在这种边际情景下，员工会本能地努力晋升，潜能自然更容易被激发出来。

　　为了加强边际情景的激励作用，领导者在为员工构筑以上四种边际情景时还应注意以下几点。

一、加大边际差距

一般而言，情境对比差别越大，对员工的激励作用越大。例如，约定圆满完成任务只奖励 10 元钱，无法完成任务只扣 10 元钱，这就很难产生激励作用。

二、注意兑现时间

非生即死和非升即降这两组边际情景的激励作用与事后的兑现时间滞延长短相关。兑现时间越快，越能激励员工；反之如果兑现时间延长很久，那么就会大大降低激励的效果。

三、注意人数多寡

非荣即辱和非得即失两组边际情景的激励作用，既与兑现时间滞延长短相关，又与获荣获利和受辱受损的人数多寡相关。

一般而言，众奖和寡罚能起到加大边际对比程度的作用。众奖是指让大多数人可以通过自己的努力获得奖励，这种奖励对那些表现特别突出的员工的激励作用不大，因为他们无须努力就可以获得奖励。但对众多人而言具有一定的激励作用，因为只要努力或许就可以获得奖励；寡罚是指惩罚少数人，这个时候被惩罚的人很可能会因为大多数人没有被惩罚，唯独自己被惩罚而产生一种屈辱心理。为了避免这种情况，他们会努力工作，避免惩罚。相反，如果大多数人被惩罚，那么被惩罚的人很可能会宽慰自己并不是自己一个人犯错，并因此不会产生任何心理压力，这种情况下，惩罚的激励性就会降低。

那么在实际的管理工作中，领导者究竟是众奖，还是寡奖？这也要根据所激励对象的实际情况而定。如果激励对象是团队中的优秀员工，想调动这些人的积极性和创造性，那么寡奖和众罚就是比较好的激励方式。反之，如果想激励大多数人，那么选择众奖和寡罚就比较好。

总而言之，无论采取哪一种边际情景激励方式，领导者都要加大情景对比差距，要及时兑现事先约定的内容，且具体采取何种激励方式要视激励对象的实际情况而定。

第四节

情感激励：
认可贡献，给予真诚的欣赏和赞美

✳

相关研究表明，企业通过工资福利待遇、物质利益和严格的规章制度只能激发出员工能力的 60%，另外的 40% 属于潜在的工作能力，需要由良好的人际关系和心理状态所形成的精神力量才能激发出来。从这个意义上说，情感激励就是开发员 40% 潜在的工作能力的有效措施。

情感激励的措施有很多种，但对员工的激励作用较大，能调动员工工作积极性的措施就是认可。认可被人们认为是世界上最伟大的管理原则，是激发员工潜能的主要驱动力，所以领导者要学会认可员工的贡献，要真诚地欣赏、赞美员工。

不少领导者表示自己经常在工作中认可员工作出的贡献，但是并没有对员工起到激励作用，这使得很多领导者感到疑惑不解。其实我们仔细观察一下就会发现，只有少部分员工表示他们在工作中得到了有意义的认可，大多数员工认为领导者虽然给予了认可，但是对他们而言这些认可并没有实际意义。为什么员工会这么想？这是因为很大一部分领导者（尤其是刚刚从基层提拔起来的领导者）片面地认为一些基本的方式就等于认可员工的贡献，如金钱、积分、奖章等。而事实上我们深入一下了解就会发现，员工往往很在乎组织对其工作的认可，而他们期望的认可不仅仅表现在物质层面上，还有物质以外的。这句话的言外之意是当员工表现良好时，如果除了基本的物质层面的奖励，还能够得到领导者真诚的欣赏和赞美，他们就会更加有动力。

所以卓越的领导者除了通过给予物质奖励认可员工的贡献，还会给予员工真诚的欣赏和赞美。

一、从小事中欣赏和赞美

从小事中对员工表示欣赏和赞美比员工取得大成就时给予欣赏和赞美更能激励员工。通常，领导者可以在以下的小事中对员工给予欣赏和赞美。

当领导者听到关于团队的好消息时，要立即与团队成员分享好消息，同时要感谢、赞美负责人。例如，"我们的项目获得了 ×× 奖项，这次要感谢 ×× 和 ×× 两位员工的辛苦付出，在整个过程中他们表现得非常棒……"

当天工作结束后，可以抽出一点时间对当天工作表现突出的员工给予赞美，或者亲自写一个卡片，等员工下班后放在他们的办公桌上，等员工第二天上班就可以看到。这些小举动可以让他们活力满满地投入新一天的工作中。例如，"今天你表现得非常好，尤其是……"

在会议开始或者会议结束时分享一些好消息，如客户的来信，或者询问团队成员想称赞、表扬哪些其他成员。

除了工作，领导者还可以从员工身上找一些亮点，对员工给予真诚的欣赏和赞美。例如，"你今天戴的耳环非常好看，跟你的衣服很配，非常衬托你的气质。以后我也要跟你学学如何穿搭"。总之，领导者要关注员工在工作中贡献的点点滴滴，并寻找合适的时机给予欣赏和赞美。

二、掌握欣赏和赞美的方法

领导者对员工给予欣赏和赞美并不难，但要让员工因为领导者的欣赏和赞美而对工作更有动力和激情，领导者就要掌握欣赏和赞美的方法。

1. 及时

欣赏和赞美的时机很重要，及时给予欣赏和赞美对员工的激励作用更大，更容易强化员工的行为，激励员工再接再厉，做得更好。因此，领导者应当在员工取得某个成就、获得某个奖项、业绩表现突出时，及时给予欣赏和赞美。

2. 具体、真诚

能对员工起到激励作用的欣赏和赞美一定是真诚的，发自内心的，而任何真诚的欣赏和赞美都来自具体的细节。也就是说，领导者给予员工欣赏和赞美时，要表达具体，描述细节。例如，领导者不应该简单地说"你很棒，做得不错"，而应当说"从幻灯片的设计细节可以看出你下了不少功夫，客户看了这个设计后对我们的产品表示出了浓厚的兴趣，愿意进一步洽谈合作事宜。所以，你做得很好，为我们的这次项目合作贡献了重大的价值，希望你再接再厉，继续保持"。

3. 正面

有些领导者在欣赏和赞美员工时会采用欲扬先抑或欲抑先扬的办法，他们会将批评和赞美先后进行。但通常不建议这样做，因为这样既可能影响批评的作用，也无法发挥欣赏和赞美的作用。一般建议领导者对员工表示欣赏和赞美时，要给出100%的正面评价，避免说"虽然……但是……"

4. 亲力亲为

在条件允许下，对欣赏和赞美员工这件事，领导者最好亲力亲为，当面、当众表扬。

及时、具体、真诚、正面、亲力亲为是欣赏和赞美最基本的方法，在此基础上领导者还可以探索更多、更能激励员工的认可形式和方法。

给予员工真诚的欣赏和赞美不仅是激励员工的有效措施，也是领导者必备的重要素质和管理技能。

第五节

成就激励：尊重并发展优势，提升成就感
❋

知名心理学家戴维·麦克利兰（David. McClelland）经过对人类需求的精心研究得出结论：人类的许多需求并不是生理性的，而是社会性的。人的社会需求不是先天的，而是后天的，受环境、教育、经典等影响。最终，麦克利兰通过研究总结出人类的社会需要中有一项就是成就需要。对于职场人士而言，他们对成就的需要更加激烈，他们希望在工作中展示自己的能力并获得肯定。所以领导者可以采用成就激励法，满足员工的成就需求，激发员工的潜能。

员工在工作中的成就感主要来源于发挥自身的优势取得优秀的成绩时，所以领导者要想采用成就激励法激励员工，就要尊重并发展员工的优势。

一、尊重差异性：看到每一位员工的优势

团队是一个复杂的组织，就如大自然的生态系统，不同的生物存活其中才能够使整个系统和谐运转。领导者应当有一定的包容性，要尊重团队每一位成员的差异，并要激发每一位

员工身上的优势。

二、适材适所：将员工放到合适的位置上

　　将员工放在合适的位置上是激发员工干劲和潜能的先决条件。因此，领导者应充分了解每一位员工的特点、能力、特长，并让这些特质和员工的工作能完美匹配，实现"人岗匹配"，从而提高工作效率，提升员工的工作绩效。

　　本田①（Honda）是知名的机动车制造商，本田之所以能获得今天的成就主要得益于本田的创始人——本田宗一郎。本田宗一郎深知，一个人的能力是有限的，如果没有一批得力干将的辅助，他预定的远大目标就不可能实现。本田宗一郎深谙"适材适所"之道，他善于发现团队每一位成员的优势、特点、爱好并且会根据这些信息将他们安排在合适的岗位上。

　　本田公司里，有不少员工是其他公司不能容留的个性突出的优秀人才。对此，本田宗一郎解释道："公司里的每一个人都毫无保留地暴露自己的缺点是一件好事。石头就是石头，金子就是金子。教练要尽量掌握运动员的特点，并使之得到充分的发挥，做到人尽其才，物尽其用，合理安排。这样的话，其实无论是石头，还是金子，统统都能成为真正有用处的东西。"

　　我十分认同"只要将合适的人放在合适的位置，无论是

————————
① 全称"本田技研工业株式会社"，跨国机动车制造商。

石头还是金子，统统都能成为真正有用处的东西"这句话，并且一直在管理工作中践行"人尽其才，物尽其用"这个道理。

我之前带过一个团队，组织里其他团队的人有时会无恶意地称我们为"残疾人俱乐部"，这是因为我们团队的大部分成员是其他团队淘汰的，在别人看来他们身上或多或少有一些"缺陷"。但我并不这么认为，我关注到每一位员工身上的独有特质，然后我会结合我们团队的业务属性，将他们放在最合适的位置上，尽可能发挥他们的优势和潜能。让我惊喜的是他们绝大多数人都做出了远远超出他原来工作业绩的成绩，甚至有些员工将原来的"缺陷"变成了他们的优势，从而激发出他们更大的工作热情。用他们的话说"找到了一个可以更舒畅地施展自己才华的场景"。

"适材适所"是尊重员工的不同并帮助员工发展优势的基本法则，实施这个法则的前提是领导者必须对团队员工的知识、能力、特点了如指掌。所以，为了更好地实施"适材适所"，领导者要做好以下几项工作。

1. 分析岗位

领导者首先要对岗位进行分析，细化岗位的职责，明确核心的工作内容。然后根据这些信息确认岗位胜任力，从而更好地选择合适的人才。

2. 了解员工

领导者要全方位收集员工信息，对员工有深入的了解，从而分析、判断员工更适合哪个岗位，能胜任哪些方面的工作。

适材适所的本质是岗位要求与员工能力的匹配，匹配度越高，越能帮助员工发挥优势，提升工作效率和绩效成绩。员工的工作效率越高，绩效成绩越高，员工就越有成就感。

三、提供支持：帮助员工排除工作障碍

员工在工作中难免会遇到障碍，使得员工的注意力、精力下降，无法更好地发挥自身的优势。这个时候领导者就要及时提供支持和辅导，帮助员工排除障碍。

在员工遇到障碍时，领导者不要直接给出解决障碍的办法，而是要帮助员工分析障碍产生的原因并引导员工主动思考，自己寻找解决障碍的办法。通常领导者可以通过提问的方式引导员工，例如，"这个障碍产生的主要原因是什么""为了解决这个障碍，我们需要做哪些事情""这个障碍解决后，后面我们需要注意什么"等。

四、提供机会：让员工参与到团队的管理工作中

真正意义上的成就感来源于积极、负责地参与到团队的

管理活动中，所以领导者在开展某些团队活动，或做一些决策时可以主动邀请员工参与。具体哪些活动、决策可以由员工参与，领导者应视具体情况而定。

除了以上介绍的几点，领导者还可以通过提供培训和发展的机会，辅助员工制订个人成长计划，帮助员工发挥优势，不断提升成就感。总而言之，领导者要关注员工的优势并积极采取措施帮助员工发挥优势，获得成就。

第六节

荣誉激励：赋予荣誉，集体庆祝价值的实现

❄

荣誉激励是一种终极的激励手段，主要是把工作成绩与晋级、提升、选模范、评先进联系起来，以一定的形式或名义表示出来。荣誉激励的本质是使荣誉成为鞭策员工保持积极性的力量，同时对其他人起到感召作用，产生"比、学、赶、超"的动力。

荣誉主要可以分为个人荣誉和集体荣誉两大类，所以荣誉激励也分为个人荣誉激励和集体荣誉激励两个方向。

一、个人荣誉激励：赐予个人荣誉称号和头衔

个人荣誉激励是领导者为工作成绩突出的员工颁发荣誉称号和头衔，例如，"创意天使""智慧大师""销售冠军""杰出骨干"等。这样强调了团队对员工的认可，同时让员工知道、看到自己的能力，激励员工更加积极、努力地工作。

个人荣誉激励的具体措施主要有以下几种。

1. 开展优秀员工的评比活动

建议领导者每月、每季度、每年都进行优秀员工的评比活动，并授予相应的荣誉称号和头衔。

2. 给予员工非业绩性竞争荣誉

很多时候，非业绩性竞争荣誉比业绩性竞争荣誉更能激励员工。领导者可以多开展非业绩性竞争比赛，并对竞赛中取得优秀成绩的员工授予相应的荣誉和头衔。例如，举办趣味篮球、乒乓球、棋类竞赛等，获奖的人可颁发获奖证书，或给予"××团队篮球王"的头衔。

3. 颁发内部证书或聘书

领导者可以根据团队业务、员工个人情况、组织发展需要来组织内部考试，并为考试合格或成绩优异的员工颁发相应的证书。

4. 借助荣誉墙和内部刊物激励员工

领导者可以打造荣誉墙，将获得荣誉的员工的信息、取得的具体荣誉都公开展示在荣誉墙上，或者展示在内部刊物上。

5. 以员工的名字命名某项事物

例如，用优秀员工的名字命名其负责的项目。

荣誉激励的措施有很多种，但无论采取哪种，目的都是让员工看见自己的成就，也让团队其他人看见该员工的成就。领导者在评选出优秀的员工后，还要举行适当的颁发荣誉和头衔的仪式，让团队所有成员为优秀员工庆祝。这样能进一步强化员工的荣誉感，加强激励的作用。

二、集体荣誉激励：集体庆祝价值的实现

集体荣誉激励是指领导者在工作中，用表扬、奖励集体的成就激发员工的集体意识，使团队中每位成员产生强烈的荣誉感，从而自觉维护集体荣誉和利益。

从实际的激励效果看，集体荣誉激励可以促成合力，这种合力要远远大于个人荣誉激励所激发的单独力量的总和。从这个角度看，领导者在重视个人荣誉激励的同时，还要重视集体荣誉激励的作用。

集体荣誉激励采取的措施与个人荣誉激励相同，只是将荣誉的授予对象从个人换成了集体。例如，领导者可以授予团队"优秀团队""杰出团队"的称号和头衔。

个人荣誉和集体荣誉不是独立关系，而是相辅相成的关系。领导者在采取荣誉激励措施时，应将团队成员的个人荣誉与集体荣誉结合起来，这样才能形成融洽的氛围，使团队每个成员感受到荣誉的温暖，进而有效地发挥荣誉的激励作用。

结　语

❖

隐形领导力是一种非权力影响力，旨在通过自身的价值观、思想观念、行为方式等因素对他人产生影响并达到领导目的。与权力领导力不同，隐形领导力并不依赖于职位、权力或者地位等因素，而是依赖于领导者本身的个人魅力和影响力。

世界上有很多领袖达成了非凡的成就，对他们进行研究后我们会发现，角色赋予他们的权力并不是他们实现目标的关键因素，他们的行为、思想和言论等因素对他们的追随者产生的强大影响力，才是驱动他们前进，助力他们实现目标的关键因素。因此，越来越多的领导者关注权力之外的非权力影响力，并希望不断提升自己的隐形领导力，带领团队走向成功。

概括来说，领导者要想提升自己的隐形领导力主要从以下几个方面下功夫。

1. 构建良好的人际关系

构建良好的人际关系能够帮助领导者获得团队成员的尊重、支持和信任，增强凝聚力，使团队保持高效运转。这些都是领导力的体现，换个角度说，领导者要想提升自己的隐形领导者，就要正确地处理人际关系，建立良好的人际关系网。

（1）坦诚沟通

坦诚沟通是建立良好人际关系的基础。领导者应该保持开放的心态，积极倾听员工的意见、想法等反馈并及时回应。同时，领导者应该通过清晰而直接的沟通方式与团队成员交流，避免误解和不必要的猜疑。

（2）以身作则

一个好的领导者应该为员工树立良好的榜样，通过言行来引领团队成员，提升他们的价值观和职业标准。所以，领导者要以身作则，用更高的标准要求自己。

（3）理解和尊重

一个好的领导者应该始终理解和尊重下属的想法和感受。他们应该尽可能地关注员工的需求和利益，对员工的情况给予理解和支持，并在情况需要时提出合理建议和解决方案。

（4）建立信任

建立信任是构建良好人际关系的基础，所以领导者应该在工作中建立信任关系。建立信任关系需要时间和努力，领导者应该承担起责任，履行承诺，并尽可能提供资源和支持，以赢得员工的信任。

（5）勇于承认错误

领导者也有可能犯错，当犯错时，领导者应该勇于承认错误，并及时提出解决问题的方案。这样做不仅有助于自身的学习和成长，而且还可以建立信任和减少冲突。

（6）建立团队文化

团队文化包括共同的价值观、信念、习惯和行为准则，建立团队文化是领导者建立良好人际关系的重要途径之一。同时，领导者还应通过建立团队文化传达共同的目标和价值观，激发团队成员的积极性和创造力，从而达到更好的工作效果。

总之，领导者需要处理好组织的人际关系，因为只有建立良好的人际关系，才能帮助团队成员更好地完成工作任务。在处理人际关系时，领导者应该坦诚沟通、以身作则、理解尊重、建立信任、勇于承认错误并建立团队文化，这些方式可以促进团队成员之间的良好协作和有效沟通。

2. 了解卓越领导的行为特征

不同领导的行为不同，这些行为反映了他们的意识和态度，例如，如何处理自己的工作任务，如何与员工沟通，如何展开协作等。那些具备领导力的领导者也有独特的行为表现，了解他们的行为特征便于我们针对性学习，提升隐形领导力。具备隐形领导力的领导者主要有以下几个行为特征。

（1）战略思考能力

优秀的领导者能够理解和制定战略，能够灵活适应环境的变化，从而让组织保持竞争力。

（2）敏锐的商业直觉

优秀的领导者能够敏锐地察觉和利用商业机会，做出明智的决策。

（3）带头充满激情和能量

优秀的领导者能够通过自己的行为激励、启示和带领团队成员，不断追求卓越。

（4）宽广的人脉

优秀的领导者在业内具有良好的声誉，拥有广泛的人脉，可以帮助团队成员和企业发展。

（5）高超的人际交往能力

优秀的领导者有卓越的人际交往能力，能够构建关系，与团队成员和合作伙伴展开有效沟通。

（6）团队合作精神

优秀的领导者具有极强的团队合作精神，并能够建立一支忠诚、高效的团队，共同追求组织的目标。

（7）高效的组织管理能力

优秀的领导者能够有效地使用资源，管理时间和预算，并且可以最大限度地提高团队的生产力和效率。

（8）强大的决策能力

优秀的领导者在复杂的环境下，能够快速做出明智的决策，并且愿意承担决策带来的风险和影响。

（9）优秀的沟通能力

优秀的领导者具备优秀的口头和书面沟通能力，能够清晰地表达想法和观点，并且能够有效地听取和反馈。

（10）学习的态度和能力

优秀的领导者能够不断自我反思、学习，从而不断提升自己的领导力水平和专业知识。

　　一个优秀的领导者需要具备多方面的特征和能力，包括战略思考能力、商业直觉、人际交往、团队合作、组织管理、决策能力、沟通能力、学习和发展能力等方面。这些能力和特征能够帮助领导者有效领导并运营团队，从而获得成功。

3. 保持积极的心态

　　领导者必须对自己和员工保持积极的态度，以接受工作中遇到的挑战和问题。通常，可以从以下几个方面培养积极的心态。

（1）自信乐观

　　领导者自信乐观，就会相信自己的决策和行动会带来积极的结果，从而能够充满信心地面对挑战和困难。

（2）适应性强

　　领导者能够快速适应环境的变化和不确定性。他们不会被困难击垮，而是能够灵活应对各种情况并积极寻求解决方案。

（3）积极主动

　　领导者乐于主动思考、行动和解决问题。他们不会被动等待问题出现，而是主动采取行动来预防和解决问题。

（4）具有创新思维

　　领导者拥有开放的思维和创新的能力。他们不会被固有的思维方式束缚，而是能够提出创新的想法和解决方案，在工作中勇于尝试新的事物。

（5）多关注成功和进步

领导者注重成功和进步。他们总会积极寻找潜在的机会和可能性，以达成更好的结果。

（6）勇于承认错误

领导者勇于承认并纠正错误。他们拥有健康的自我意识，能够深入反省，并从错误中吸取教训，以帮助他们做出更好的决策。

（7）以身作则

领导者作为表率，会展现出积极的行为和态度。他们鼓励员工对待工作及与人沟通时保持积极乐观的态度。

领导者积极心态的表现包括自信乐观、适应性强、积极主动、具有创新思维、多关注成功和进步、勇于承认错误及以身作则等。这种积极的心态有助于领导者在工作中更好地应对挑战和压力，寻找解决问题的方法，带领团队取得更好的成绩。

4.培养意识形态

隐形领导力最重要的要素之一是意识形态。领导者的意识形态塑造了他们的核心价值观，并反映在他们的行为和言论中。所以，一位优秀的领导者不仅需要有出色的管理和领导技能，还需要有清晰的意识形态，以引领企业在道德、文化、社会价值等方面不断发展和进步。以下是一些优秀领导者者具有的常见意识形态。

（1）以人为本

优秀的领导者认为员工是组织的核心，会尊重员工的尊严和权利，关注他们的福利和发展。他们认为只有让员工获得满意和成就感，才能使组织持续发展和成功。

（2）倡导公正和公平

优秀的领导者强调公正和公平，反对任何形式的歧视和不公。他们相信只有通过公正的体系和公平的机制，才能吸引和保留人才，提高组织的竞争力。

（3）强调可持续发展

优秀的领导者强调可持续性。他们认为组织不仅要追求短期利润，还要考虑长期发展和社会责任，通过合法的、道德的、可持续的方式运营组织。

（4）推崇创新和变革

优秀的领导者鼓励创新和变革，认为这是推动组织发展的重要力量。他们鼓励员工提出新的想法和方案并为员工提供支持和资源，以促进创新和变革的实现。

（5）强调团队合作

优秀的领导者强调团队合作，认为只有通过团队的协作和共同努力才能实现企业的成功。他们建立合作和信任的关系，鼓励员工分享知识、经验和资源，以推动团队合作和协调。

（6）尊重多元文化

优秀的领导者尊重多元文化，认为文化差异应该得到尊重和庆祝。他们鼓励员工尊重和欣赏不同文化的差异，并为员工提供适应和融入多元文化环境的机会和支持。

（7）高度的社会责任感

优秀的领导者有较强的社会责任感，认为企业除了追求自身利益，还应该承担社会责任，为社会创造价值和福利。他们关注社会和环境问题，并采取积极的措施解决这些问题。

一个优秀的领导者不仅需要具备出色的管理和领导技能，还需要有清晰的意识形态，以引领企业在道德、文化、社会价值等方面不断发展和进步。这些意识形态包括以人为本、倡导公正和公平、强调可持续发展、推崇创新和变革、强调团队合作、尊重多元文化及高度的社会责任感等。

5. 提升社交技巧

作为一个组织或团队的领导者，需要具备出色的社交技巧，以便与员工、客户、供应商等各方进行交流和沟通。所以，领导者的社交技巧对于提升隐形领导力来说至关重要。通常，领导者可以采取以下几种方法提升社交技巧。

（1）倾听能力

领导者需要具备优秀的倾听能力，能够认真倾听员工的意见、建议和反馈。通过倾听，领导者可以更好地了解员工的需求，让员工感受到被尊重和被关注。

（2）表达清晰

领导者需要具备清晰的表达能力，能够用简洁明了的语言表达自己的意见和想法。这样可以让员工更好地理解领导者的意图和方针，并且能够避免沟通误解和不必要的麻烦。

（3）体贴周到

领导者需要具备体贴周到的品质，时刻关注员工的福利和需求。同时，对于员工的家庭和个人情况，领导者应该给予适当的关注与照顾，让员工感到被尊重和关心。

（4）礼貌待人

领导者需要具备严谨的礼仪，尊重每个人的尊严和权利，表现出礼貌、友好和谦虚的态度。这样可以让员工和客户都更愿意与我们合作、交往。

（5）适应不同的文化

领导者需要具备适应不同文化背景和沟通方式的能力。在处理跨文化交流时，领导者应该理解文化差异的存在，尊重不同文化的风俗和习惯，并采取相应的沟通策略。

（6）自我反省

领导者需要具备自我反省和学习的素质，反思自己的行为和沟通方式，不断完善自己的社交技巧和领导能力。

管理者需要具备出色的社交技巧，包括倾听能力、表达清晰、体贴周到、礼貌待人、适应不同文化、自我反省及建立关系等。这些技巧可以帮助管理者更好地与员工、客户、供应商等各方进行交流和沟通，提高组织的竞争力和发展水平。

6.明确目标

具备隐形领导力的领导者都很了解自己的目标和组织的目标，并有着可以通过非权力影响力实现这些目标的方法。因

此，要想提升隐形领导力，领导者需要具备敏锐的多元观察力以及有效的领导策略，以帮助团队实现目标。

（1）确定组织的长期目标

领导者应该首先根据组织的使命和愿景制订长期目标和战略计划。长期目标应该具有可执行性、明确性和挑战性，以促进组织的长期发展。

（2）制定短期目标

长期目标需要细化为短期目标才能落入实地，促进目标达成，所以领导者应该制定具体、可衡量、可执行的短期目标，并为实现这些目标制订具体的计划和措施。

（3）确定优先级

领导者需要确定目标的优先次序，以明确目标实现的先后顺序。不同的目标可能会存在冲突，领导者需要权衡不同目标的重要性，以确保组织目标的协调和推进。

（4）建立目标监测机制

领导者需要建立目标监测机制，了解目标的进展情况，并及时调整策略和措施，促进目标顺利推进。同时，领导者还要通过对目标的监测和评估，不断优化和完善组织的目标体系。

（5）与团队共同制定目标

领导者应该与团队共同制定目标，让员工参与目标的制定和实现中。这样可以提高员工的工作积极性和责任心，增强组织内部的凝聚力和合作性。

（6）确保目标具有可衡量性

领导者制定的目标要具有可衡量性，以便监测和评估目标的实现情况。要制定可衡量的目标，领导者就需要考虑目标的量化指标，并确保这些指标可衡量。

领导者应该根据组织的使命和愿景，制订长期目标和战略计划，并将其细化为具体可执行的短期目标。目标应该具有可执行性、明确性和具有挑战性，这就需要确定不同目标的优先次序，建立目标监测机制，并与团队共同制定目标。同时，为确保目标可达成，领导者应该保证目标具有可衡量性，即可通过量化指标来评估目标的实现情况。

7. 知识维度

具备隐形领导力的领导者通常都有广泛的知识储备，因为知识可以使他们更好地理解自己和身边的人，以便更好地管理。通常，卓越的领导者需要有以下几个方面的知识储备。

（1）行业知识

领导者需要具备深入的行业知识，了解行业的走向和发展趋势，掌握行业的竞争状况和市场规律。只有深入了解行业，才能制定有效的发展战略和决策。

（2）经营管理知识

领导者需要具备经营管理知识，包括财务、会计、运营、市场、人力资源等方面的知识。这些知识可以帮助领导者有效地管理和协调各个部门，提高组织的效率和效益。

（3）技术知识

领导者需要具备业务相关的技术知识，了解新技术的应用和发展动态。只有掌握新技术，才能更好地推动组织的数字化转型和创新发展。

（4）法律知识

领导者需要具备相关的法律知识，了解法律法规对企业经营的影响和要求。只有遵守法律法规，才能让企业合法合规经营，降低企业经营风险。

（5）社会责任知识

领导者需要具备社会责任知识，了解企业应该承担的社会责任和义务。只有在实践社会责任和义务方面取得了成功，企业才能在社会中获得更好的声誉和地位。

（6）团队管理知识

领导者需要具备团队管理知识，了解如何激发员工的工作热情，提高员工的工作积极性和创造力。只有建立良好的组织文化和团队精神，才能更好地推动组织的发展。

总之，领导者应该学会如何提升、运用隐形领导力，通过身份、能力、行为、社交技巧、意识形态等因素影响他人，并以此带领团队走向成功。

最后，总结本书的基本论点。

隐形领导力是指那些不张扬却又极具影响力的领导方式和方法。在商业世界中，很多企业家和领导者都认可隐形领导力的重要性，这是因为在不断变化的商业环境中，隐形领导力能够带来更加稳定且和谐的工作环境，同时也能够激发员工的工作激情和创造力。

隐形领导力的核心就是通过影响力和信任来领导他人。领导者不需要强调自己的权威，而是通过自己的行动和语言来塑造积极的企业文化和价值观。这样做可以建立更深层次的信任关系，让员工愿意跟随领导者的步伐，主动投入工作中去。

为了发挥隐形领导力的作用，领导者需要准确了解员工的需求和期望，能够在员工需要时给予关注和支持，不断推进团队合作和协调工作。在团队的管理中，领导者应该注重细节，并通过言行举止展现领导水平，以便积极地影响团队中的每位成员。

在实施隐形领导力时，领导者需要关注并倡导企业文化的积极发展，建立起正向的学习和成长氛围，让员工在学习和工作中不断成长，实现个人价值的同时也推动企业发展。通过这些方式，领导者可以让自己的领导力更加深远和持久。

总之，隐形领导力是一种非常重要的领导方式和方法，它可以帮助领导者更加深入地了解员工的需求和期望，激发员工工作激情和创造力，建立积极健康的企业文化和价值观，推动企业和团队的持续发展。